天下文化

BELIEVE IN READING

刻意失戀

好好失戀，才能　好好愛

李介文——著

BBP446

目次

Part 3 我知道為什麼會失戀嗎？

Part 4

每一天，都是度過失戀的練習

推薦序

和你的痛苦在一起吧，如果連逃跑的力量也沒有

許皓宜　諮商心理師／作家

一直以來，我都覺得教育體系少教了點什麼。這幾年開始，這些過去曾經長時間被略過的學習功課逐漸冒出頭來，很多專家或許會將這個概念訂為「情感教育」，因此我們可以感受到，在新時代的閱讀習慣中，「情緒」變成一個重要的主題。然而，我們是否又好好的深入去探討過：「情緒」這個概念中，最需要學習的是什麼呢？

我想，不同領域的專家會提出不同看法。包括我，都算是長時間著墨在情緒研究上的諮商心理師，我們從很多臨床和實務經驗中，想要去探索情緒的奧祕，以及對人的影響，企圖在情緒來臨的時刻可以好好駕馭它，讓自己能維持每日的

尋常生活。然而，到底要怎麼學習，才能做到這一點呢？

我在介文新書中看到一個有趣的觀點：你要在「痛苦」中學習體會情緒，因為它能讓你看見自己「脆弱」的地方在哪裡。很多人在面對失落、傷痛的時候，本能的會想要迴避痛苦，以為這樣可以維持功能、讓自己得以存活。但這麼做也常常讓我們忽略自己受傷的「心」，想要透過一些正向的道理，來護衛自己還沒有準備好要振作的心靈。

但介文說得很好：「心受傷的瞬間，理性思考是沒有用的。」然而我們卻有「處理情緒等於被情緒淹沒，進而崩潰」的自動化思維，所以「逃跑」變成自然的欲望。白天我們可能勉強自己維持理性的正常工作，晚上卻只能無助的流淚崩潰……面對人際和情感課題時，更是如此。

讀了《刻意失戀》之後，你可以放下這樣勉強的自己了。李介文心理師用一個也曾是「重度失戀者」的角度告訴我們：如果痛苦終究無可迴避，那就刻意走近它吧！不管你是個能力多麼強大的人，此時也只是個「遇上困難的人」。你不用勉強自己要在災難中倖免，而是要在痛苦的時刻，「刻意練習」儲備下次面對痛苦的能量。

當你容許自己痛苦、哭泣，痛著痛著、哭著哭著，這些痛和苦，慢慢也就不算什麼了。容我套一句作家張曼娟說的：「這不是安慰人的話，而是一個事實。」

是的，這本書就是透過各方經驗的分析，來向你證明：痛苦有一天會過去，即便在痛苦中的你無法明白，但，這卻是不爭的事實。

請你翻開這本書，和我們一起在痛苦中，學習運用「脆弱的力量」，來讓自己變得強大。

你不是一個人，我們皆曾與你一樣脆弱。即便學習多年的心理學後，依然。

自序

時間走了，我留下了

李介文

我很喜歡聽歌，周杰倫的〈不該〉，有段歌詞是這麼唱的：

你依舊住在我的回憶裡不出來
我離開將你的手交給下個最愛
糾纏與固執等待，反而是另一種傷害
彼此緊握的手鬆開，去擁抱更多未來

過去好幾年裡，我心裡也住著這樣的一個人。

還在我記憶裡

我從事助人工作，見過很多人，深深卡在回憶裡的某個地方。他們懷念著過去，懲罰著自己。

說是念舊也好、說是鑽牛角尖也罷，彷彿還停留在那一個時間點，人生從此無法往前。

包括我。

在某一年的四月，一個下著大雨的星期天晚上，我卡住了。現實中，我完成了學業、找到了工作、找到了新對象，然而，總覺得心裡很不踏實、總會有莫名其妙的悲傷。

我曾責怪自己不長進、責怪自己無病呻吟，尤其我又是處理情緒與心理狀態的專業人士，理論上這些事要自己搞定，甚至要比一般人更快、更好，否則豈不辱沒了這張證照？

我在臨床上，曾見過許多人，他們的進步非常緩慢，或者是情緒在好與壞之間來回起伏。我試著了解、同理他們，從他們口中說出康復的歷程，但是又退步的矛盾。

問著問著，心中突然出現一個聲音：「那我呢？我真的好了嗎？」

我還沒好，我心裡知道。只是，我一直假裝沒這回事。

我對很多個案說過的話，應該也拿來對自己說一遍。真的很幸運，我幫很多人分析、幫很多人引導，自己也潛移默化了。

我開始向自己的內心探索，於是有了這本書。

愛情的意義

多年前，我認識了一個很好的女孩，並與她交往了一段時間。

交往的時候，我對她說過兩句話：

因為有你，讓我想要變成更好、更讓你喜歡的人。

因為有你，我的人生才是完整的。

分手後，我一直覺得是我不夠好，不能讓她更喜歡，她才會離開。而在她離開後的世界，從此就少了一塊。

這樣的感受跟了我許多年，甚至有好長一段時間，我沒有發自內心笑過。後來我才知道，我緬懷的不是愛情，也不是她，是我自己。

與其說她的離開帶走了我的一部分，倒不如說我本來就不是完整的。我一直期待愛情可以填補我的不完美，其實，應該是我要讓自己變得完美。然而，我也沒有什麼完美不完美，我就是我，不完美才是常態，完美的人只會出現在小說跟電影裡。

所以，是先有我，才有愛情，而不是先有愛情，才有我。在生命的開始，我們都是獨自來到這個世界，先學會跟自己相處，才能好好跟另一個人相處。失戀的意義，其實是要我們練習好好自處，才能愛人。

這段路，我走了好久。

應該說，在大部分時間裡，我停留在原地。「自我覺察」這個東西，不會隨著時間自動到位，必須時時刻刻的觀察、思考、與自己對話。

我學了很多看起來很複雜、很有道理的心理學理論，但是我發現只有認真花時間察覺、思考所有發生在自己身上的事，認真面對每一個挫折，這些理論才派得上用場。

而這是很枯燥，而且很惱人的過程。

先問問自己

失戀時，我多希望隔天一覺醒來，世界從此不一樣。要麼是她回到我身邊，要麼是我已經痊癒、回復自信，隨時可以開啟下一段戀情，好向她證明我還是個很好的男孩。

我根本不想談失戀這件事。

所以，這本書的名字，才叫做「刻意失戀」。

從哪裡跌倒，不一定要從哪裡站起來，因為跌倒的痛可能讓你無法這麼快站立。或許你會在原地哭泣，或許你會在原地等待元氣恢復，或許你有點力氣可以往前爬，然後再慢慢站起來。

但我們是不是忽略了一件事情，是不是應該先問問自己：「我怎麼了？怎麼跌倒了？」

我曾經狠狠跌過一跤，自以為瀟灑的站起來，繼續往前走，殊不知可能走得一跛一跛、走得狼狽，也可能跌得更重。

同在愛情路上跌跤的你，我想透過這本書，和你分享我跌倒後滿身泥濘、痛苦掙扎的過程。這個過程並不容易，但慢慢練習、慢慢走，總會走過的。

現在的社會流行速成，愛情要速成、學習要速成，連心理治療也一直在追趕著進度。個案劈頭就會問我：「要談幾次才會好。」

我們的時間過得很快，但我們真的好好活了、好好愛了？好好失戀了嗎？因為愛情如此深刻，失戀才會如此痛苦。好好失戀之後，才能開始好好愛、才能開始好好的，活出真實的自己。

邀請你與我一起開始，刻意失戀。

Part 1

如果可以，誰想要失戀？

1 你想過，自己有一天會失戀嗎？

如果可以，誰想要心碎流淚？但，失戀真的來臨了。
不斷問「為什麼是我」，除了對現狀無益之外，也會把自己拖垮。

不管有沒有談過戀愛，你原本對於愛情的想像是什麼？
甜笑、溫暖、擁抱、爭吵、眼淚……
你在想像愛情時，有沒有把「失戀」這個情節規劃進去？
這個問題，就跟「你有沒有想過，會用什麼方式死去？」一樣荒謬。什麼嘛！怎麼有人這樣問？誰想死啊？
於是，我們面對失戀的時候，會感到不知所措、無能為力。如同死亡一般，當失戀真實來臨，有幾人是真的可以坦然接受，沒有一絲恐懼或憤怒？

但現實就是如此，不管你想不想，失戀真的來臨了。

但現實就是如此，不管你要不要，現在是一個人了。

不過，我還是想給你一些希望。因為人死了，就什麼都沒了；但人失戀了，乍看之下什麼都沒了，不過只要處理得當，你還是會復活。

人只能死一次，但是你可以失戀好幾次，而且只要處理得當，你還可以因此變得更好。

發現了嗎？當中很重要的四個字是「處理得當」。

噢，這四個字或許出現得太早了。剛失戀的時候，是沒人想要去處理的，甚至還沒搞清楚狀況，就突然失戀了。

在那一刻，即使心裡已經做好了準備，或者也知道事情就要來臨，但親耳聽到、親眼看到分手的訊息，還是難以接受。

為什麼是我？

很久以前有一部鄉土劇「霹靂火」，演壞人的男主角說過這樣一句話：「如果有神仙能做，誰要做畜生？如果有好人可做，誰要做壞人？」

如果可以，誰想要心碎、流淚？

在心碎、流淚的時候，你可能在心中問過無數次「為什麼是我」；或許你也像「我們與惡的距離」裡的主角一樣，告訴自己「因為我比較勇敢」。但這一刻，或許你心中會呼喊著，我可不可以不要勇敢？終究，沒有人可以給你答案，因為，這就是愛情。

失戀就像得癌症，你可以說有些人天生體質弱、有家族病史、生活習慣不佳等等。但卻很難解釋為什麼有些人常常運動、健康飲食、不菸不酒、作息規律，也會得癌症。許多人不斷問自己「為什麼」，但這個執著除了對現狀無益之外，也會把自己拖垮。

我是心理師，遇到的人大多數都處在苦難當中，包括失業、失戀、失婚、失親，種種的失落，有的找得到原因，有的卻一輩子活在不解當中。

但我相信，你是可以跟失戀共處的，我對你有信心。

你會說，憑什麼對我有信心？你又沒看過我！

請你回想一下，你總受傷過吧？不管大傷小傷，當下真的痛不欲生。我能想起最近一次的疼痛感，那是去拔水平智齒，手術傷口比較大、時間也比較久。在麻藥退去之後，真的很痛很痛。我說話受到影響、思考受到影響，但我還是活得下去，只是看活得怎麼樣。

什麼？只是「活得下去」？對啊，你都受傷了，這是鐵一般的事實，不然你想怎樣？

在臨床上，很多人來找我諮商，他們的期望是，我能提供一擊必殺的方式，告訴他怎麼走出失戀的傷痛，在短期內快速復原。面對這樣的要求，我通常都只能苦笑，你說，我要如何讓你不痛呢？

直面脆弱

痛，其實是很好的提醒，讓我們知道還有什麼地方是脆弱的，有些脆弱可以強壯，有些脆弱則需要被保護。如果一廂情願告訴自己「沒事的，趕快好起來」，那麼，你只是在忽略你的脆弱、麻痺你的脆弱，讓它暫時安靜。

脆弱終究是脆弱，有些人選擇一輩子逃避，從此跟愛情絕緣，催眠自己不需要愛情；有些人則在每一段愛情裡，一碰到脆弱之處，就不斷重複同樣的痛苦，繼續陷入忽視脆弱、仍然脆弱的輪迴當中。

在你面對脆弱、認清脆弱的同時，你正在做的，就是希望自己有一天可以不再脆弱。

所以，我想在這本書裡傳遞的觀念是「刻意失戀」。練習好好處理失戀，並不代表以後不會失戀，或者下次失戀不會痛苦。我們可以做的，是避免再為了同樣的弱點而失去愛情。如果再次失戀，可以縮短復原的時間，或在復原的時間內，維持比較好的生活品質。

在醫療場域裡，目前對於「健康」的觀念，並不是百分之百的痊癒，而是盡可能減少病痛對我們的影響，讓我們在病痛中持續向前進。

我身處在醫療場域中，可以很理性冷靜的看待一個人的問題，這是我的專業能力與工作要求。但是，離開了工作、脫下了白袍，在生活中面對自己的問題，有太多情緒會淹沒我的腦袋，讓我無法這麼理性，也會重複犯一些自己不想犯的錯，受一些自己不想受的苦。

在這本書裡，我不談我的個案，我想談我自己失戀的故事，談「她」帶給我的影響。平常我在治療室中，是利用有限的一、兩小時的諮商跟個案互動，用專業知識試圖找出他們心裡在想什麼、推敲出他們為什麼會犯錯、受苦。有時候，個案所談的是否是真實情況，其實無法百分之白確定。

當個案就是我，我知道自己在想什麼，我知道自己為什麼這樣做，而且當我試著幫助自己時，我會知道復原的成效有多少。

有時，我們只是不敢跟自己說實話。但我試著跟自己說實話，也跟你說實話。

在這本書裡，我試著做自己的個案、做自己的治療師，引導自己說出一些原本不敢對自己說的話。希望正在看這本書的你，也可以練習做做看。

在你看這些故事的同時，提醒你，先不要急著把我的情節、我的想法，套到自己身上。每個人的愛情故事都是獨特的，你在閱讀當中，可以試著說說自己的故事。如同我在做心理治療時，每次回應個案的情況，有時心中會問自己：「那我呢？」我很幸運，我遇過多少人，就等於問過自己多少遍。到目前，大概問了不下千次了。希望你也可以問問自己。

或許，你會發現自己未曾發現的地方。

2 我是心理學家，但是我失戀了

直到開始練習從失戀中走出來，才發現我告訴個案的那些可以改善心情、調整想法的做法，是多麼難以做到……

從我念臨床心理學研究所開始，很多人聽到我的學歷與職業，會問我：「你是心理師喔！那你脾氣一定很好吧？」「你是心理師喔？當你女朋友一定很幸福吧？因為你會知道她在想什麼，而且很溫暖很貼心吧？」

曾經我也這麼以為，但在那次失戀後，我發現完全不是這麼一回事。

我碩士班三年級，成為實習臨床心理師，剛到某家醫院的第三天，就失戀了。

我永遠忘不了那一天的日期、天氣、她說話略略顫抖但又堅定的語氣、她轉身離去的背影，電梯門緩緩關上，摩擦著軌道的聲音。

電梯門關上的瞬間，我彷彿聽到她很生氣的問我：「你到底知不知道我要什麼啊？心－理－師！」

然後，我開始了一段，不知道自己在做什麼的臨床實習、不知道日子怎麼過的生活。

在失戀大魔王面前

這是一種非常奇怪的感覺。那段時間裡，我的感受變得非常敏銳，情歌裡唱的、書上寫的，各種跟失戀相關的形容詞，全都變得非常具體。我那時才知道為什麼要這樣形容，原來心痛真的像刀割、絕望真的會心碎、真的會瘋狂想見她一面，再聽聽她的聲音。

在那段時間裡，心理師只是貼在我身上的一個標籤、只是白袍上繡的幾行字，遮掩不了我的失敗、擦拭不了我的眼淚。

你一定很難想像，一個傷心的人，要如何安慰另一個傷心的人。更何況，正在實習的我，要學著「治療」另一個傷心的人，要傾聽、了解另一個人錯縱複雜的心理、一路辛苦走來的人生。在每一次心理治療中，我必須壓抑自己的情緒，用所剩不多的大腦處理器來思考個案的問題，然後說出具有療效的話。

每一次談話結束，個案走出心理治療室之後，我總是整個癱軟在椅子上，直到下一位個案進來，重新把那個脆弱的自己包覆在白袍之後，努力「裝作」很專業的樣子。

在分手的影響之下，我的實習過程陷入了情緒的掙扎，也犯了很多錯。這樣的狀況並不是從分手之後才開始，早在這段愛情出現變化時，就一直影響著我。幸好我遇到了很好的老師與學長姊，包容我、教導我，才讓我漸漸有力量，也能騰出更多大腦空間來學習。

別說社會大眾對專業人士的印象了，連我自己都這樣想：我是個心理師耶！我有這麼豐富的知識，我的工作就是幫助心裡受苦的人走出來，為什麼幫不了自己？笑死人了。

直到我開始練習從失戀中走出來，才發現原來我跟個案所說的那些可以改善心情、調整想法的做法，是多麼難以做到。書上的例子都有很好的成效，先前自己做練習時，因為生命中沒遇到什麼了不起的挫折，練習起來都很成功。這次面對失戀這個大魔王，原先所學的，竟然起不了作用！

我漸漸發現，如果以武功來比喻，我原先所學的，只是招式跟套路，不是武功的精髓。

幾年過去了，我試著去思考這段愛情帶給我的、教給我的、希望我學到的，將這些東西整理在這本書裡。我不敢說這已經是精華，畢竟隨著人生的延續，在不同時期回想起這段感情，也會有不同的體悟。不管體悟如何，重點是我自己的成長，而不是在不同的年紀想起，只是把故事重說一遍。

這樣才對得起我經歷的每一段，深刻的愛情。

3 心理學，幫不了失戀的我

我把書本上所有心理治療學派的技術用在自己身上，只讓我得到短暫的「看開」，隨後，又回到失戀的悲慘模式。

失戀後沒幾天，我接到一位個案，是年紀與我差不多，同為愛情所苦的男生。在治療中，他一邊流淚，一邊問我：「心理師，她到底愛不愛我？」當時我心中突然像是被刺了一下，血流不止。我也好想問她到底有沒有愛過我，為什麼說走就走？

回過神來，我還是個治療者，只能努力壓抑自己的情緒，盡可能表現出專業的樣子。那一刻，真的好辛苦、好累。

平時的狀態也差不多，生活模式大致就是一上班，打開電腦，自動登入聊天軟體MSN。只要螢幕跳出她上線的訊息，我就開始流淚。但那畢竟是辦公室啊！眼淚只能自己偷偷跑到廁所去流，頻率之高，老師還一度認為我是不是生了什麼病。

反反覆覆的受傷心靈

當然，身為心理師，我很努力想要讓自己好起來。我已經修完碩士班所有必修課程，換言之，身為一個臨床心理師所需的基本知識，我大概都具備了。加上在研究所、實習時的臨床經驗，當時腦中知識含量是很豐富的。我開始試著把書上所有心理治療學派的技術，用在自己身上。

是的，「所有」治療學派的技術，我甚至還買了一些最新的治療取向的書籍回來研讀。

在練習中，我曾經列出我愛她的一些「非理性信念」，或列出跟她分手的優點與缺點、思考我跟她之間的溝通模式、思考我人生的價值觀、思考我在過程中的心理動力與防衛機轉……。

然後，這些方法，一點用都沒有。就算有用，也只是讓我得到一、兩小時，甚至還不到一個早上、下午，短暫的「看開」。隨後，又回到失戀的悲慘模式。

有一天晚上，我在書桌前，寫下跟她分手的「損益分析表」。最後得到的結論是，「跟她分手是目前最好的選擇、要求復合是目前最糟的選擇」。列完表格後，我用紅筆在最好的選項上，重複畫了好幾個圈，不斷告訴自己：分手吧，這是最好的選擇。

但是撐不了多久，我還是拿起電話，撥了她的號碼，哭著告訴她，我真的好想她，我們還有沒有復合的機會。

自助的效果似乎不好，找人幫忙總可以吧！我去找了心理諮商的資源，但是遇到的諮商心理師，很理性的分析分手對我的好處，然後十分不解的問我：「看起來，分手對你是最好的結果，你應該高興才對，為什麼會這麼難過呢？」聽到這句話，我就不再去了。

現在想起來，我當時的反應，跟我現在遇到的個案很像。同樣的不知所措、焦慮、鑽牛角尖、情緒起伏不定，這一秒覺得聽到一句很有道理的話，醍醐灌頂，下一秒又陷入深深的情緒中。

是啊！我當時不就是個案嗎？應該說，「個案」只是代名詞，我當時就是一個「遇到困難的人」，難怪會有這樣的反應。

愛情給我帶來的困難與痛苦非常深刻且強烈，很像是身體上遭遇到的實際痛苦，占據了我的思考，讓我即使知道自己會好起來、即使知道應該怎麼做，卻無法踏出第一步；就算踏出第一步，也是跌倒收場。

所以，心理學，「心」要在「理」的前面。我有很多理的知識，但在更深的層面上，我是一個人。我的心受傷了，在那一瞬間，理性思考是沒用的。

走過痛苦，讓心柔軟

為了應付高強度的實習要求，我去掛了精神科門診，拿了抗焦慮劑與抗憂鬱劑。門診的醫師還很不解，我是個心理師，為什麼我還過不去？那時候的我也這麼認為。直到開始執業，重複思考這段經驗，後來又經歷了幾段失戀，我才慢慢了解，有許多因素，會影響我們在遇到創傷時的臨場表現。

或許是我不夠勇敢吧！但那又如何？勇敢又不是說有就會有的。就像肌肉，平時不訓練，要用的時候，只能接受自己沒有力氣。

至於心理學家？噢不，當時的我只能算讀了很多書，對於知識，還在紙上談兵的階段。跟很多網路鄉民看球賽喜歡當鍵盤球評一樣，說得一嘴好球，現實生活中可能連球場都很少去。

事後諸葛的說，這段失戀讓我開始思考自己在愛情中的樣子、思考自己每一個行為背後的原因。

也因為從痛苦當中走過來，讓我的心變得柔軟，在與個案談話時，也比較有耐心去等待他們慢慢的改變。

我失去了一個很愛很愛的人，這時候，不適合用理性去判斷她到底適不適合我、不想去判斷誰做了什麼、誰又做錯了什麼，甚至不適合叫自己趕快好起來。是的，我知道總有一天會好，但我只擔心今天晚上回到家，如何面對在愛情裡如此難堪的自己，又如何面對明天的太陽。

即使失戀讓我變得成熟與勇敢，但如果再一次失戀，我還是可能會這樣。因為愛情是我們生命中的一部分，在愛情之前，人人都有脆弱的地方，人人都會有痛的感覺，即使我是心理學家，也不能倖免。

4 「走出失戀」之前，要先「刻意失戀」

有了失戀經驗，我才知道，我以為自己做得到，原來只是美好的假象。除非實地練習，不然無法真正改變。

在這本書裡，我會整理一些心理學的方法，幫助你走出來。但是你有沒有發現，市面上談心理學、談失戀的書籍，少說也有上百本。我在書中所談的理論，也是從別人的書上看來的，並不是我的真知灼見或治療創新，這個世界從來不缺知識。既然如此，為什麼還是有這麼多人處在痛苦之中？

大陸作家韓寒曾說：「我們聽了這麼多道理，卻還是過不好這一生。」我在諮商室裡，也曾有這樣的感覺，明明他就做得到，為什麼還是重複一樣的問題？

有了失戀經驗之後，我才知道，我以為自己做得到，原來只是美好的假象。

除非實地練習，不然無法真正改變。

打球、彈琴、繪畫……任何一件事都是這樣，成果很美好、很誘人，練習卻很痛苦。我們羨慕在球場上馳騁、得分的英姿，但是很少人可以忍受犧牲假期、花費體力、流下汗水的苦練。度過失戀也是如此。

這些過程，有人可以輕鬆達標，就如同有人失戀後好像沒有很痛苦，甚至愛情一帆風順。但是，如果此刻你正看著這本書，可能意味，你不是那種人。失戀可能正在、或曾經對你造成影響，乖乖練習吧。

如果你彈奏過樂器，你會發現，每一個音符的彈奏，都要乾淨俐落，即使是節奏較快的樂曲，彈奏者也是有意識的知道彈奏內容。除非經歷多次練習，直到樂曲熟記於心、肢體能自動執行，不需耗費大腦資源來處理。

是的，除非經過多次練習。如果沒有這個過程，想要彈得快，聽起來只是一段糊在一起的音符堆砌而成的旋律，難以入耳。彈完了，就是彈完了，下次再彈，還是一樣。這也是為什麼我們以為自己可以，甚至強迫自己很快度過失戀，但跟失戀相關的事件，依然會像鬼魅般如影隨形。只要稍微不注意，又陷入失戀情緒的迴圈，或在不同戀人身上重複同一套劇本。

既然如此，那刻意練習苦嗎？苦是必然的，但請放心，強度絕對是可以承受的。就算是職業藝術家、音樂家、運動員，他們有一天二十四小時都在練習嗎？過度練習只會讓身體受傷，無益於進步。

不過，如果你此刻腦中浮現出：「不要逃避、要練習，難道是要我痛苦死嗎？」的想法，正說明了你心中受到情緒所苦，而且擔心自己連一點點情緒都無法承受，所以會自動產生「處理情緒＝被情緒淹沒＝崩潰」的想法。

不管還要哭多久，都不要逃避

那時為了度過失戀，我去看精神科門診，拿了抗憂鬱藥。吃完藥後，有一種非常不一致的感覺。我的任何情緒感受，都好像被一層東西保護著，就像是戴著手套去摸東西，觸感很不真實。

不過，我還是感受得到我的認知。我知道我跟她分手了、我知道自己很難過、我知道自己……，但是想到這些的時候，我難過的情緒變得很低很低。也就是，我知道我很難過，但我感受不到難過，同時，我也哭不出來！

所以，我做了一個決定，只在上班時吃藥，回家不吃，並將這個決定與醫師討論，也獲得醫師同意。這樣做之後，我的白天跟夜晚變得非常不一樣。白天的我，平靜、專業；晚上的我，流淚、崩潰。

就這樣斷斷續續哭了幾個月，有一天，我發現，我開始不太想哭了。這種感覺有點像戒毒或是戒菸，戒著戒著，突然對那個東西的渴望就淡了。

現在想起來，我很感謝自己，當時沒有逃走。

當時，我是很慌張的，因為不知道到底還要哭多久。但是，真的需要答案嗎？如果我告訴你哭多久就會停，你相信嗎？

復原是一個只有遠方目標，但沒有確切道路的旅程。有時我們會走錯路、繞遠路、走到一半停下來不想走了，或者在路上又摔了一跤。只有慢慢的、繼續往前走，並有意識的知道自己走過的路，才能幫助我們到達目標。

5 愛情是一種本能，戒不掉，只能引導

為愛所苦的我們，都是性情中人，都有一顆柔軟與敏感的心。愛產生的正、負能量，需要引導，才能漸漸釋懷、漸漸感受心的溫暖。

如果說，失戀的刻意練習是一家才藝補習班，那我不要學這項才藝總可以吧！不會彈琴、不會打球，對人生沒有影響，我又不想當個選手。

的確，有些人的人生，是不需要愛情的。但你既然翻開了這本書，我想，這個人就不是你。愛情的議題之所以流傳這麼久，是因為那是多數人的剛需，而且這個剛需是沒有替代品的。

我們的生活需要各種愛，親情、友情、愛情，是最基本的三大元素。沒有這些雖然不會死，但是生活品質會大大的下降。

到處亂竄的負向情緒

當我處在失去愛情的痛苦中時，我一度責備自己為何如此軟弱，為了愛情要死不活的，沒有愛情，應該也可以活得好吧？的確，有人不需要愛情，但那是他們天生、自然的選擇。而我呢？那比較像是我在愛情裡失敗後，不敢正視自己的失敗，跟自己說的一些氣話。

那時候的我，為了避免經歷痛苦，而把這樣的想法假裝成是事實。或許裝著裝著，也就真的認為這是事實了。但是骨子裡，我依然需要愛情，我依然為了愛情所苦。

舉個例子，如果有個國中生告訴家長，他不想上學了，因為有些人學歷不高，也很成功啊！你會怎麼想？你會覺得這個學生很有理想、很早立定了志向，還是覺得他想逃避些什麼？

我猜，認為他想逃避的人居多。

的確，真的有人只有國小學歷、甚至沒有學歷，而達到成功。但那是你嗎？或者，只是你懦弱的自我安慰？你真的確信自己沒有學歷也一樣成功？你真的確信自己沒有愛情也能活得好？

這些話是禁不住細細推敲的。甚至也不用推敲，因為在說這些話的同時，我們要表達的是感受，不是事實。

不想上學的國中生，是否在學業上遇到了困難，認為自己無法克服？或者在人際上遇到挫折，不想面對？

嘴上說不需要愛的我們，是否在愛情裡遍體鱗傷，覺得好累、過不下去？

物理學有「能量守恆定律」，能量是不會消失的，只會在不同的形式間做轉換。愛情也一樣，我們以為能壓抑住對於愛的需求、對於痛苦的感知，但這些負向能量一直都在，因為被壓抑了，它們只能到處亂竄，有時就會在我們意想不到的地方爆發。有人以事業的成就來填補愛情的挫折、有人以酒精來麻痺失戀的感受、有人變得容易因為小事而生氣、有人把對愛的感受封存起來，以為不打開心房就不會受傷，誰知不打開心房反而會讓自己悶死。

整理你的心房

與其讓生活中充滿未知的爆點，倒不如好好引導自己因為愛情受的傷。為愛所苦的我們，都是性情中人，都有一顆柔軟與敏感的心。我們需要的，是讓心愈來愈強壯，但不是用銅牆鐵壁把心包起來，包到無法感知外界關於愛的一切。住在與世隔絕的城堡裡，真的會比較開心嗎？當我們說出「不期不待、不受傷害」，我們的心，不是冷冰冰的嗎？

關於愛情所產生的正、負能量，需要引導它們各自到該去的地方，才能漸漸釋懷、漸漸感受到心的溫暖。如果什麼都不看，把情緒像包垃圾那樣統統包起來，塞在一個角落裡，以為自己沒事了，這些能量還是會在看不到的地方繼續流動，以我們不知道的方式，不斷影響著我們。

心就像一棟房子，裡面住著所有我們愛過的人。當有一個人住進來，大肆破壞後就拍拍屁股離開，只留下滿屋子雜亂不堪，這時候，你有責任將房子復原，不然，怎麼再住人呢？就算有人住進來，也住得不舒適。就算你不想再讓人住進來，你可以忍受自己的房子就一輩子這樣嗎？

將房子復原，不可能完全回到原本的狀態，但我們可以裝潢、可以改建、可以強化，因為這是自己的心房。別人可以破壞，但是摧毀不了這棟房子。而我們有義務在流淚之後，或一邊流淚、一邊慢慢收拾斷垣殘壁，慢慢妝點這棟房子。

直到有一天，我們的心房再次變得溫暖，能重新開放，迎接下一個願意入住的房客。

Part 2

我真的失戀了

6 你看不見房間裡的大象

我死命抓住復合的每個微小線索，並無限放大，
心裡想著我只想再見你一面、再多跟你相處一下，為什麼不可以？

別看我現在說得這麼理性輕鬆，失戀那段日子，我的世界簡直整個都崩毀了。正確來說，從我意識到感情慢慢變質，我的世界就漸漸崩毀了。

早在分手前幾個月，我們的關係已經非常緊張。她曾試著對我說，我們能不能先減少見面次數，讓彼此冷靜一下？

我對這句話的解釋是，她要慢慢疏遠我，然後就要提分手了。我很緊張，想盡辦法製造見面機會，但見愈多次，爭吵愈多次。最後一次爭吵後，反而是我主動提出分手。不意外的，她一口就答應了，沒有任何不捨與挽留。

一星期後，我後悔了，主動釋出善意，增加聯繫、積極尋找復合的機會。你猜怎麼著？她本來對我的態度還不差，後來卻徹底被我惹毛了，甚至用比較難聽的話，表達她在這段感情裡不好的感受，以及我的缺點。然後，再也不跟我聯絡，直到現在。

我硬生生搞砸了一段愛情，也硬生生讓我們做不成朋友。每當想到這裡，我都會非常自責，不停責罵自己為什麼要這樣做。

直到後來，我到醫院放射腫瘤科、安寧病房去做研究，才慢慢找到了答案。我才知道，只要涉及情緒，人是不會太理性的。

捨不得放手

你聽過安寧病房嗎？當癌症末期的病人病況比較嚴重，醫師評估積極的治療，也就是以消除癌細胞為主的治療已經沒有用時，將病人轉至安寧病房，會是較好的處置。

在我的經驗中，對家屬來說，決定將親人送至安寧病房，等於是放棄讓親人活下去的機會。所以家屬會反覆跟醫師討論，是否還有積極治療的可能。另一種情況是，病人病況危急時，家屬會拜託醫師盡可能救治。病人的命很有可能救回來了，但全身插滿管子，不能動，也不能說，只能與家屬相視流淚。

安寧病房的存在到底有什麼意義呢？雖說已經停止積極的治療，但醫師還是會用許多止痛療法，幫助病人減少癌末帶來的痛苦。癌症末期，病人會非常痛，常痛到睡不著，或精神很差，日漸消瘦。

安寧病房內還有護理師、心理師、宗教師的配置，協助病人處理面對死亡的恐懼與焦慮，以及協助病人完成生前未完成的願望。我曾在病房看到大家協助一位癌末的奶奶穿上婚紗，彌補她年輕時因為窮困，結婚沒有白紗穿的遺憾。

安寧病房的理念，是幫助人有尊嚴的走向生命盡頭。

很幸運的，我到了這裡做研究。在這裡，我慢慢找到如何面對一段關係走向死亡的方法。

房間裡的大象（Elephant in the room）是英文諺語，比喻某件事情明明顯而易見，大家卻都裝作沒看到，或不討論。

這句話是我從一位癌症病人家屬口中聽到的。他說，醫師宣布親人確診為癌症末期，治癒的可能非常低。可是，家裡沒人敢提到這件事，不過看得出來每個人都在擔心害怕。

他一度還想著，要不要多找幾家醫院做檢查？會不會出錯了？他說，如果當時有人跟他推銷治療癌症的偏方，即使理智上知道不可能，他也會去試試看。

失戀，就是一頭房間裡的大象。我們看到、知道，也感受到，但是卻自動選擇眼盲。

一開始，我覺得堅持不讓家人轉到安寧病房的家屬很可惡，怎麼忍心讓家人在生命最後一段路受到這樣的折磨？他們對家人到底有沒有愛？

但是接觸愈多，我才知道，正是因為太愛家人，所以直到最後一刻，還捨不得放手。

愛情成癮者

我漸漸理解，我在這段感情最後所做的，就是死命抓住我們還可能在一起的每個微小線索，並無限放大。同時心中也抱怨著，我的要求只有這樣，再見你一面、再多跟你相處一下，為什麼不可以？

看起來很可憐的人，都有可能因為很可憐，而去做出傷害別人的事，如同當時的我。

我試圖忽略大象對我生活的影響，但現實是，大象把我的愛情踩得亂七八糟，我還把眼睛蒙起來，待在原地。

初期，我跟拒絕安寧療護的家屬說話時，心中是充滿情緒跟不諒解的，如同想到自己做的這些事情一樣。我曾狠狠的罵自己到底在做什麼，是我將一段好好的感情搞壞，是我將我所愛的人、我的愛情推向一個痛苦的結局。

然而跟家屬談著談著，我發現，可憐之人必有可恨之處，但可恨之人也有可憐之處。

我在前一本著作《反芻思考》裡提到，人的大腦習慣理性思考，因而忽略行為背後的情感層面，造成有時以為自己很理性，但許多行為其實是被情緒所操控。

家屬告訴我，面對這樣的事情都已經六神無主，根本沒有辦法好好思考醫師說的話，心中想著的只有「我不可以失去我的親人」。

我漸漸明白，醫師與家屬討論安寧療護決策時，態度為什麼不堅決一點。因為逼迫還沒準備好的家屬接受事實，他們是會崩潰的。家裡已經有人生病，如果再有人情緒崩潰，對病人不會是好事。

忽視房間裡的大象，雖然表面看起來很蠢，但在失戀初期，其實是必要的。人所做的每一個行為，產生的每一種情緒，都是有作用的，大抵上可以分成兩種用途：**得到我們想要的**、**逃避我們不想要的**。

然而，人的行為與情緒，都不可能達到百分百的效果，有時只是一種妥協：我不夠堅強、不足以承受失戀帶來的痛苦，於是我發展出「逃避」這一項策略，來幫助我過得好一點；我明知愛情已逐漸凋零，但我就如同有毒癮的人一般，用盡一切努力，只為了吸一口，會傷害我身體的毒。

至此，我對自己這個愛情成癮者，除了責備，也感到心酸與同情。

如果你正處在忽視大象的階段，請你伸出手來擁抱自己的脆弱、擁抱自己的愚蠢，甚至擁抱自己的犯賤，因為你可能無時無刻都在想著他／她。

這些都是我們為了保護自己，發展出來的扭曲策略。雖然不好用，將就一下也就是了，都受傷了，別勉強自己繼續往前走。你看那些在比賽中受傷的球員，哪怕現在面對的是什麼冠軍賽金牌戰，也無法再上場。

勉強應戰是小說或漫畫才會出現的情節，當幾小時的英雄，讓觀眾覺得很悲壯，得到的卻是一輩子的傷害，失去一輩子的職業生涯。

跌倒了，就在地上趴一下吧！別急著起身。

7 難以接受的事實

處在失戀痛苦中的人，需要的不見得是愛，而是「這個人」。安慰、鼓勵，就像從另一個世界傳來的話語，聽得到，但完全做不到。

心理學家羅傑斯（Carl Rogers）說，人眼中看到的世界，跟心理感受到的世界是不一樣的。心理感受到的世界，是經過人主觀解釋之後得出來的，我們怎麼解釋一件事，跟成長經驗有很大關係。

國中國文課本有篇文章〈雅量〉提到，有人買了一件綠色底子帶白色方格的衣料，三個朋友各自把這件衣服看成稿紙、棋盤跟綠豆糕。

我們解釋世界的方式，一樣可以分成兩種，**追求自己想要的**、**會讓自己開心的**，以及**逃避自己不喜歡的**。所以有些人在談話當中會有罩門，談到什麼就會特別開心，或者特別生氣。

讓我們產生情緒的並不完全是眼前的這個事實，而是這件事勾起了心中的哪些回憶。

漸漸消逝的緣分

我跟她第一次見面，是在林口開往嘉義的客運上。

那一天，我預計中午搭乘客運返鄉過清明節。在此之前，早上還要去醫院門診跟診。

由於是連續假期前一天，門診湧進許多提早回診拿藥的人，我忙到差點趕不上這班車，很幸運的後來還是趕上了。在這班車上，我認識了坐在我隔壁的那位美麗女孩。

我常想，要不是在封閉的車廂裡、要不是因為連假國道塞車開了四個多小時，平日生活中，我有勇氣跟這麼美麗的女孩說話嗎？而且竟然這麼幸運，她成為我的女朋友。

有好長一段時間，我都認為這段感情是上天注定的。當然，我知道這種解釋很滑稽，我是個有科學思維的科學家，但我真是這樣認為的。

與其說我珍惜上天帶來的緣分，倒不如說，我認為，失去了她，就不會再有一個這麼美麗、冰雪聰明的女孩會喜歡我了。

老實說，當時的我還真有點外貌協會，曾偷偷想過，我能被這樣的女孩喜歡，應該代表我是個不錯的人吧？雖然我也不知道自己哪裡不錯。

所以，當上天收回祂的眷顧，我非常不能接受，一直執著在「我們這麼有緣，為什麼你不要再試試看？」

我知道，當你讀到這一段，或許會覺得我很好笑，但在我心中，這就是我建構出來的世界。

你也可以想想看，從你們相識到相戀的過程，是否也充滿著驚喜或趣味呢？的確，兩個人能相遇又相戀，從統計學上來說，是很難得的。感性一點說，是很難得的緣分。這麼難得的緣分漸漸消逝，當然會帶來很大的失落。

或許朋友會安慰你，過一段時間，就可以再遇到一個對的人、進入一段愛情。理性來說，還真是如此，很少人從此再也找不到另一個契合的人。但這句話聽在剛失戀的人耳裡，真的很像風涼話。

正處在失戀痛苦當中的我們，需要的不見得是愛，而是「這個人」。在這個階段，其實很難對未來有多一點的思考，因為巨大的情緒已經將我們淹沒。安慰、鼓勵，都很像是從另外一個世界傳來的話語，聽得到，但完全做不到。

沉溺在痛苦的舒適圈

在我內心世界改變的同時，也對我造成一個很大的威脅。很多人以為，是因為對方離開，才讓分手這麼令人難以接受。或許在分手初期，這還說得過去，例如房間仍然有她的味道、枕頭有她的餘溫，讓人睹物思情，難以放下。

但幾年之後，當初那個人早已不知去了世界哪一個角落，該淡的感覺也都快淡光了，心中仍然放不下的是什麼？

放不下的，是分手對我們造成的改變。

改變意味著模糊、不確定的未來，這也就是為什麼有這麼多人不敢踏出舒適圈。但你知道嗎？一開始拒絕看到分手的傷痛，以及之後沉浸在分手的傷痛裡，也是一種舒適圈。

或許你會有疑問，分手明明不舒適！

我們來思考一下舒適圈的定義。**不管外界如何變化，堅持維持固定的行為模式，就叫做舒適圈**。所以，舒適圈不一定代表舒適，而是代表僵化與不知改變。

相較於接受分手帶來的傷痛，以及接受分手後，有一部分的自己被掏空、有一部分的弱點被暴露、有一部分的需求無法得到滿足，那我還寧可選擇把眼睛蒙起來，先不要接受。或者我就回到原來的相處模式，試圖把愛的感覺找回來。但是環境已經變了，原先的相處，已經找不到愛了。

後來我才知道，我一直在抗拒接受的，不是失戀這個事實，而是失戀所帶來的痛苦。所以我用盡各種方法盡可能逃避、延遲接受失戀的來臨。與心理學關於失落的理論相符，當時的我，做出了幾個行為來拒絕承認事實：**對於挽回充滿信心、過度美化已逝去的愛情、故意讓自己悲慘**。

對於挽回充滿信心

分手後的那幾天，過去的甜蜜回憶在我腦中不斷跳針播放，我完全不敢置信這一切正發生在我身上，不敢相信這些事情已經過去了。不只如此，我還「邀請」她一起回憶，我寄了交往時期出遊的照片、一切有紀念意義價值的東西給她，還把過去甜蜜的對話紀錄傳給她，哭著問她：這樣的你到哪裡去了？把我的寶貝還給我！

如果要用一個畫面形容當時的我，應該就是哭喊著「這不是肯德基、這不是肯德基」，在地上打滾的小孩吧。（如果你跟我生長在不同年代，請自行上YouTube 搜尋「這不是肯德基」。）

哭著哭著，我試著很「理性」的從她的角度出發，分析我們交往的經驗、分析她喜歡的東西、重複過去的相處模式，並且不斷提出保證，我還是以前的那個我，還是那個她見了就會微笑、會開心、會主動伸出手來擁抱的那個我。

在這個階段，我不能理解的是，不是好好的嗎？為什麼你說變就變？我都還守著原本的承諾啊！為什麼你還不回來？

在我說這些話的同時，我忽略了愛情是共識，承諾要兩個人共同簽署才有效，只要其中一人離開，承諾就自動作廢。我們很希望能永遠維持這一種共識，所以用道德、用法律來約束，但愛情從來就不是這麼一回事。

即使如此，我心中還是存著一絲希望，並將這樣的希望無限放大，於是我常在希望與失望之間無限輪迴，明知不可能，仍想試試看。裝睡的人叫不醒，大概就是在說我吧！

拒絕忽略環境已經改變的現實，仍然使用過去的方法，只會讓原本的處境變得更糟。

過度美化已逝去的愛情

還記得我所做的認知紀錄、損益分析表，還有諮商心理師對我說的話嗎？沒錯，跟她分手，對我比較好。

如同一般愛情故事的演進，我們的感情也是遵循著相識、熱戀、習慣、冷淡、爭吵、分手的流程來進行。

在這段感情的中後期，我們有了很多爭吵。是的，可憐之人必有可恨之處，我並不完全如本書前面描述的那麼委屈，不然她怎麼會跟我分手呢？我對她的很多行為不諒解、認為她沒那麼在乎我，在每一次爭吵後，心中也很常浮現「不如分手吧！對雙方都是解脫」的想法。

直到真的分手了，過去的委屈一下子灰飛煙滅，取而代之的是她的笑臉、她的擁抱、她的溫度，以及交往過程中每一幕可愛的畫面，全部都被我無限放大。每一次想到，都是我失去了一個這麼好、這麼溫柔的女孩，完全忽略了那些面紅耳赤的爭吵。

後來我才知道，過度美化逝去的愛情，也是大腦的機制。我們會自動幫自己的行為找原因：這件事讓我心力交瘁，而且還得不到，這一定是個好東西，否則我怎麼會這麼難過呢？

事實呢？事實就是我們分手了，她真的不適合我。

而且，她真的不愛我了。

只可惜，大腦完全不想跟我討論事實，大腦只想在鋪天蓋地的情緒中，幫自己找一條活路，讓自己生存下來，避免因為情緒而崩潰。

心理學家庫伯勒－羅斯（Elisabeth Kübler-Ross）認為，從創傷到復原需要經過五個階段，分別是：**否認**、**憤怒**、**討價還價**、**沮喪**、**接受**。

我知道在剛失戀的時候，否認（Denial）是有用的，避免承認事實，才能幫自己的情緒爭取更多緩衝空間。

我在否認之後，還找了一種方法讓自己開心一點，就是透過不斷回憶過去的美好片段，製造愛情還在的假象，試圖幫自己止痛，或是帶來一點希望。

這樣想之後，我更難割捨這段感情了。因為心中的她，愈想愈好、愈想愈可愛，那些爭吵的記憶，在那一刻竟然完全不重要了！我跟自己說，只要她能回來，我可以忽略原本我在意的這一切。我不但在心中美化了她，也美化了自己，認為我可以變成一個全新的、更珍惜愛情、更包容的我。

至於原本雙方在意的缺點、爭吵的原因，都是可以改變、可以忽略的。

只可惜，這種改變是暫時的，甚至是假的。

這句話聽起來格外刺耳、格外洩氣吧？

要是真的那麼好改變，早就改了。我們總以為自己不夠「珍惜」，但我們的所有行為都是有原因的。在愛情裡，我們不是傻子，彼此也會磨合，直至其中一方確認無法磨合或者放棄磨合，才會做出分手的決定。

每一段看起來很不堪的愛情，最初都是由兩個相愛的人共同開始的。分手的結果，則是一段一路走來的過程。只是分手當下，我們拒絕回頭看，拒絕承認我們是怎麼走到今天這一步的。

現在的痛苦是真的，過去的美好也是真的，這個世界本來就同時發生著幸與不幸的事。當我們想到過去的經歷，露出淡淡的微笑，也要有勇氣去接受，愛情破碎後，在我們身上割出的傷口。

故意讓自己悲慘

你體會過「頭上有一朵揮之不去的烏雲，有時還會打雷下雨」的感受嗎？曾經有人這樣跟我說，我好像被下降頭，整個印堂發黑，沒有活力。

是的，我很想復原，同時也想讓自己過得很慘。不同於下班之後，我讓自己在房裡哭。平時的我，則擺出一副很可憐的樣子。當時覺得自己很可憐，現在想起來反而覺得很好笑，彷彿要讓全世界都知道我失戀了。

噢，如果你正處在這樣的狀態裡，請你相信，我沒有在笑你，也請你不要笑自己。因為這也是為了逃避痛苦，所採用的，扭曲的方法。

逃避痛苦的方式就是讓自己更痛苦，這是怎麼回事？

讓我們先轉換場景。你知道嗎？很多帶著憂鬱情緒來找我諮商的人，一部分對於自己還是抱持著希望與衝勁的。但說著說著，又不自覺回到生活中的各種不順利、他人對自己所造成的傷害……，彷彿這一切都是合理的。

在諮商中，我們曾經想過各種改善與復原的行動方案，最後都不了了之。但很有趣的是，很多個案都會跟我說，他們很想要好起來。

原因在於，處在地獄其實很安全，地獄就是一個舒適圈。人腦做出某些行為來逃避痛苦，也會幫這些行為找一個看起來很理所當然的理由。

我們必須做些事情讓自己相信「我過得很苦」，不然無法維持自我一致性。

所以，如果我失戀了，我知道我哪些地方做錯了，但是我正在付出痛苦的代價呀！我正在付出自責的代價，我這麼痛苦、這麼自責，這樣可以了吧？你應該看到了吧？你也應該不生氣了吧？

至於，該做些什麼讓自己好起來？噢不，我正在痛苦、正在自責，我要怎麼好起來？

可以說，我是在演一個悲傷的角色給自己看，我是悲傷的，但並不是如我所表現出來的這麼悲傷。

一旦我漸漸相信自己真的過得很不好，我就可以不用負起改變的責任，可以理所當然當一個痛苦者、受害者。

世界上的一切困難，如果都能夠遵循理性，其實根本就不困難，只是我們都做不到。我這樣說，並不是要責怪失戀中的我們不夠理性，事實上，我們根本不可能理性。

心理學家葛拉瑟（William Glasser）說，我們可以控制自己的行為，所以，我們是故意選擇讓自己憂鬱，因為憂鬱會帶來幾個好處：

1. **可以用來壓抑其他情緒，例如憤怒**。我其實也會對她生氣，但是，我又深愛著她，不知道自己在氣什麼，只好將這樣的情緒用憂鬱來替代。

2. **憂鬱是一種可以要求別人幫助我們，但是又不用拜託別人的方法**。我真的很需要跟人聊一聊，但是因為偶像包袱，不太敢開口，表現出心情低落就好像在身上掛了一個「請來幫我」的招牌。甚至，我也很希望她看到我憂鬱的樣子，是不是她就會開始懷疑離開我到底好不好，是不是就會有回頭的可能？

3. **憂鬱是逃避不想做的事情、不想負責的好方法**。分手時正值我臨床實習的階段，要求很多也很扎實。與其說我沒有心力去做，倒不如說我不想多花一點心力在壓抑自己的情緒，或不想花費心力改善自己讀書、工作的效率。要承認這一點的確非常困難。不過，我就是個普通人，一個會受傷、會想偷懶、想擺爛的普通人。

4. **憂鬱可以是一種控制他人的特權**。在愛情還活著的時候，我的確也曾用過這個方法，在爭吵時換得她先認錯，或先讓步。只可惜我在爭吵平息之後，就自以為回到正常的生活，沒有再進一步跟她討論爭吵內容。於是，我們仍然在意那些導致我們爭吵的事，也容易開啟下一次爭吵，而憂鬱這一招也漸漸不管用了。

所以，承認我不敢看到這些情緒，承認我故意讓自己過得很糟，以求讓自己「感覺好一點」，才會是進步的開始。

8 我真的接受了

我持續了好幾週的混亂，
直到有一天，我問自己，為什麼要這樣過下去？

每次流淚之後，我都很想找她談一談我的想法，我對於分手、對於過去的想法，想跟她認錯，也想聽聽她怎麼想。總在無數的忍耐、無數的內心戲之後，我會故作鎮定，用一種「我已經好了、我們來聊聊吧！」的態度，撥電話給她、傳訊息給她。

得到的總是一句冷冷的「我最近比較忙，有什麼話之後再說吧！」

這句話，又會將我打回原形。

我在跟失戀的個案諮商時，氣氛並非每一次都是死氣沉沉。有時候，個案會神采奕奕的出現在我面前，跟我說，他已經好了，而且找到人生方向，準備開啟新的生活。

過沒幾週，循環重啟，又會見到那個烏雲罩頂的人跟我哭訴，「心理師，我都好了，為什麼他／她都沒看到？」

我開始相信，**欲蓋彌彰**這句成語。

再多給我一點愛

真正的復原與放下，是在想到對方、遇到對方時，情緒平靜，甚至沒有感覺。如果我們很急著要證明些什麼，可能要有警覺：我到底想要什麼？

對當時的我來說，我只想要再見她一面，一面就好。

我進入了庫伯勒－羅斯的五階段理論的二與第三階段，**憤怒**、**討價還價**。

如同毒癮者要求再給他吸一口，只要一口就好，之後就不會再吸了。在戒除愛情癮的過程，我也不斷要求再給我一點點愛，如果要不到愛，拜託再讓我看一眼、再給我一點希望就好。

到最後，我只希望，我在她心中的形象是好的。當她想起這段感情，只要還有一點點捨不得、一點點開心，我的痛苦就是有意義的。

但是，這樣才是沒意義的。

我所做的這些，根本不是要讓自己好起來，只是要讓自己「感覺好一點」，這也是復原過程中很重要的部分。我所做的，看似為她著想、在乎她的感受，其實都只是幫自己止痛。所以她才會冷冷的拒絕我，因為對她來說，見面根本不知道要做什麼。

如果這段愛情還有挽回的機會、還有溝通的必要，見面才有幫助，否則只是重複各說各話、不歡而散的場面。

這個過程中，我的情感沒有跟她同步，也可以說我在這個階段是自私的。所以她說，我總是在勉強她做一些做不到的事，讓原本分手後，對這段感情還有些溫度的她，漸漸對我有些厭惡。

當我聽到這句話後，討價還價的行為又更多了，急著跟她解釋，或讓她相信我不是這樣的人。甚至有些氣她，怎麼可以這樣想我、怎麼可以沒看到我對愛情的努力。

我就這樣持續了好幾週的混亂。如果你看過戰爭片，我內心混亂的程度大概就像被轟炸過後的斷垣殘壁。現在回過頭看，當然知道沒這麼誇張，但我當時就是這麼認為的。這就是我的主觀世界，我總有一天要接受我是這樣看待愛情的。

直到有一天，我問自己，為什麼我要這樣過下去？

這樣的詢問帶著點生氣的成分，但我知道這次是真的在問問題了。我問自己很多問題，也在心中問過她很多問題。

不過我知道，有時候，這些發問並不是真的想知道答案，只是對自己或對方的指責，或者是一種情緒的抒發。

例如，我問「為什麼會失去這段感情」，有時是在責怪她為什麼要離開我、有時是在問自己該怎麼辦、有時只是想表達我很痛苦。

辦一場愛情告別式

我終於勇敢了一點，我決定把自己跟她隔離開來。噢，事實上她已經這麼做了。應該是說，我決定試著不要跟她連絡，或試著不要接觸到跟她有關的資訊。

我傳了個訊息給她，告訴她，我決定躲起來好好療傷，為了避免看到她的動態觸景生情，所以我要刪除社交軟體上與她的聯繫，包括臉書、MSN，希望她可以理解。

我必須自首，傳這個訊息，代表我還不夠勇敢，因為這個行為還是跟她有關。我不免擔心，如果她發現我刪除了好友，會不會認為我生氣了，或者會不會生我的氣？我們以後還能當朋友嗎？

每當我建議個案試著不去看對方的臉書、不跟對方接觸，看到個案猶豫的神情，我都會想到那時候的掙扎。

我預期這件事將會帶給我很大的情緒波動，於是我安排了　整個晚上，讓自己與她隔離。

我回顧了跟她交往以來的所有網路對話紀錄，一則一則看、一則一則刪掉、一則一則流淚，不知看了多久，最後才咬著牙把她的帳號移除。

至於交往過程中的紀念品呢？我準備了一個盒子，將它好好收起來，手機裡、相機裡的照片也是，幾乎占了我生活的大部分，我將它整理在電腦的一個資料夾裡。

說到底，我還是不夠勇敢，不過這已經是我的極限了，你也可以試試看，你的極限在哪裡。

放心，就算這麼做，我腦中與她的回憶還是不會消失，只是被我整理好了，放在某一個資料夾裡。或許在我走出失戀之後，還是可以再打開這個資料夾。但在此之前，沒必要把它大刺刺的放在桌上，或者把她的照片設成桌面背景，這樣是無助於復原的。

你也可以用自己的方式，好好回顧過去的感情，好好跟過去的情人說再見，很像辦一場愛情的告別式。在告別式裡，會有不同的人，用不同方式，述說往生者過去的一言一行，但最後還是要將往生者埋葬起來，只留下照片、靈位等紀念品。留戀過往的愛情，就很像把往生者的遺體擺在家裡一樣，對誰都沒有幫助。

哭過之後，我永遠忘不了隔天早上，我以水腫的雙眼，看著升起的太陽，所感到的，清理垃圾後的輕鬆感。

9 我真的接受了嗎？

試著接受自己有這麼多情緒，試著接受自己在心中形象的崩壞，試著接受生活上的改變，試著接受世界失序。

想像一下，如果你受了嚴重的傷，例如骨折，你會接受什麼樣的醫療處置呢？如果不需要手術，你骨折的部位可能會被固定、上石膏、暫時不能動，等到拆石膏之後要開始做復健……。

你也知道，你在慢慢的復原，讓傷口不再受到新的傷害只是第一步，但在復原或復健的過程中，你還是偶爾會痛吧？生活中還是不免偶爾被撞到，或者自己無意間碰到受傷的地方吧？

就算是正在復原當中，這個復原也是有層次的，你不會在打上石膏之後，或者拆了石膏之後就說自己好了；甚至在復健之後，可能都還需要好一陣子才能恢復正常生活。如果是嚴重一點的傷，可能還會留下無法消除的傷疤。

所以，接受分手也是有層次的。

這樣的層次包括，**接受分手這件事真實的發生**、**接受分手後所產生的失落情緒**、**接受分手對生活帶來的改變**、**接受分手對自我帶來的衝擊**，**以及接受分手對人生觀**、**價值觀帶來的影響**。

這樣的層次可能會照著順序逐一進行，或者彼此重疊。我發現我經歷了以下幾個階段。

接受分手真實發生了

這是最基本，但也最需要花時間的接受。如果依照庫伯勒－羅斯的五階段理論，我從否認、憤怒、討價還價，進行到最後兩階段：**沮喪**與**接受**，才算完成接受事實的任務。在很多人身上，不會這麼固定的照著五個階段的順序，有些人的先後可能不同，或者有些人會同時經歷好幾個步驟。

接受總是必要的，愈早「看破」這一切，愈早開始復原。所謂的看破，指的是看到事情的真相，並且相信事情的真相，才能採取後續的行動，並不是讓我們從此消極、沒活力，而是能夠更正確、真實的看到此刻所發生的狀況。

停止腦補，接受目前的現狀，才是真的。

接受分手產生的失落情緒

就算不說分手帶來的負面情緒，光是生活中少了一個經常出現在身邊的人，就夠怪了吧。投入的感情愈深，情緒就愈多、愈複雜，這樣的情緒通常會沒來由的升起，且很像一大團棉球攪在一起，還來不及看清裡面有什麼，就被壓得喘不過氣，只想死命掙脫，所以才會發展出否認、麻木的保護機制，或是乾脆就被情緒控制，任由它爆發。

如果說這樣的情緒是垃圾，身體裡短時間內累積了大量垃圾，不倒出來當然不好，一股腦倒出來又會嚇到人，搞不好換成他人被我們的情緒淹沒。比較合適的方法，是在心中先把垃圾做個分類，然後在適當時機分批清運。

當我們有情緒時，請讓它慢慢浮現出來，慢慢看清楚，慢慢思考。很像手中拿著一件垃圾，試著問問自己，它屬於哪一類。垃圾很臭，也會弄髒手，但垃圾本身沒有錯，它也是我們製造出來的，是我們身上的一部分。

很意外的，我在分類這些垃圾的過程中，反而很像在拼湊我的愛情故事。這其實不奇怪，我們所製造的垃圾，不就反應了我們的生活型態嗎？與你分享我整理出了哪些垃圾：

1. **孤單：**原來，我是一個很怕孤單的人，與她在一起以前就是這樣了。原來，我很害怕獨處，很不喜歡自己一個人，彷彿身邊要有其他人在，我才能夠安心。很多時候，我在愛情中都是不安穩的，總是需要對方的陪伴才能得到安撫。長久下來，這樣的不安穩，也會影響愛情的品質。畢竟，愛情是拿來豐富生活，不是拿來填補生命的缺點或遺憾的。

2. **自責：**當一件事情的發展不如預期時，我常常會覺得是自己的錯，之後就陷入自責的迴圈裡。我在上一本著作《反芻思考》中提到，這樣的自責其實無助於解決問題，只會讓情緒更差。

甚至，我會有一種「反向」的行為，也就是先開口認錯，然後讓別人告訴我，這不是我的錯，或引發對方的罪惡感，這樣一來，對雙方的情緒都是很大的負擔。

3. **焦慮：**比起孤獨，更多時候我是焦慮的。我總是擔心在別人眼中，自己不夠突出、不夠優秀，我也在意自己在情人心中的地位。如果發現她好像沒有覺得我很重要，我可能會從焦慮轉為生氣或沮喪。

分手之後，焦慮的感覺更明顯了，因為此刻的我，真是徹底不重要了。過去我習慣透過外在的肯定來建立自己的價值，現在真是連一點肯定都沒有了。雖然不願意，但這真的是練習的好機會，我跟自己相處的時間突然變很多，也沒辦法把焦慮情緒丟給別人，只好跟它相處一陣子，漸漸也找到了真實的自己。

接受分手帶來的改變

其實，讓我很困擾的是，我很想跟她連絡。這已經變成了一種自動化的行為，有時候我並不是很想她（噢，這是我第一次發現自己有時不會很想她），但很想打電話給她，因為這是我的習慣。在拿起電話又放下時，傷心難過的感覺才會出現。

這種感覺很像總統卸任之後，就不能掌有權力、不能再像過去一樣有決定權（雖然我沒當過總統，但應該是這樣吧）。

我必須承認，有些情緒來自於不習慣，不是愛。

或許你會疑惑，怎麼可能？不就是因為愛，才會那麼痛苦嗎？如果你有過餓肚子的經驗，或許你就會知道，並不是一天二十四小時都覺得肚子餓，有時邊工作邊跟別人講話，就不會那麼餓了。但只要一停下來，或者聞到食物的味道，就又開啟飢餓的開關。

失戀之後，我們要習慣的是新的生活，愛情濃度已經變得很低的生活。我很喜歡用「成癮」來形容愛情，因為癮頭發作時非常痛苦，感覺快死了，但是並不會真的死人。

如同許多毒癮患者戒毒成功之後，身體擺脫了對毒品的依賴，但再回到熟悉的場景，或遇到壓力，心裡又會產生對毒品的渴望。

換言之，愛情成癮是心理上的制約反應。我們太習慣愛情是生活中的一部分，習慣到忽略了可能在不知不覺中把愛情導向對彼此有害的方向，直到失去了愛情，才出現成癮的痛苦。

為了對抗這種制約反應，在我情緒比較穩定之後，我開始實行「反制約」的計畫，就是建立新習慣，來取代舊習慣。例如我將原本打電話的時間拿來看電影，如果院線片看完了，就去租ＤＶＤ。一開始真的只是為了看電影而看電影，後來還真的從電影中得到一些啟發。

或者，我在午餐、晚餐的時候，不再一個人躲在房間裡，而是找朋友一起吃飯。就算朋友沒空，我也會自己在餐館吃飯。

如果你也想試試這項計畫，請注意，這跟「以工作來忘掉痛苦」是不一樣的。我認為，這是在回復日常生活，或試著在生活中加入新的活動。除此之外，我還是得規劃出一段時間來好好難過，但是，**真的不用無時無刻都在難過**。

接受分手對自我帶來的衝擊

我是個非常需要他人回饋，才能夠建立自我概念的人。也就是說，我是誰、我這人怎麼樣、我有哪些優點跟缺點，都需要透過別人的反應，我才能確信。這就很像學生要用分數來反應自身的努力，如果考得差，就覺得這次不夠努力。

這樣的做法有個很大的風險：心情的起伏、自我概念的穩定，完全取決於分數高低。此外，還忽略了分數低的其他可能因素，可能是考題難、讀書方法出錯、甚至可能是老師教得不好，不見得是不努力。只用單一指標來評估，有時候容易做出不適當的推論。

分手對我的自我概念造成很大的衝擊，我幾乎都是依靠她的看法，來形塑我在愛情中的樣子。例如她覺得我很幽默、她覺得我唱歌很好聽、她覺得我很貼心等。直到有一天，我的幽默不管用了、我的貼心讓她覺得煩了、我的出現讓她覺得討厭了，她希望我離開了……我完全無法接受自己怎麼變成這樣，似乎沒了存在價值。我也開始懷疑，什麼是愛？什麼是真的？

這時候的我，還無法啟動太有意義的思考，只能先習慣這些情緒與衝擊。當我在想這些問題時，腦中也出現了很多奇怪的想法，例如她根本只是想玩玩我吧！不然她這麼漂亮、這麼多人追，為什麼要跟我在一起？我真是個笨蛋啊！

提醒你，在自我概念受到衝擊時，很容易陷入混亂，甚至出現「我是誰」、「我活在世界上有什麼意義」之類懷疑人生的想法。先讓這些想法一個個浮現，習慣這些想法出現在你的周遭。

接受分手對人生觀、價值觀的影響

分手後，我開始染髮、瘋狂接家教。那時我還是碩士生，一個月能賺到一個醫院心理師的薪水。我買了一輛車，每個禮拜都逛街買新衣，把自己打扮得很潮。

我覺得，不過就是我不夠帥、不夠有錢，她才會跟我分手嘛！

很難想像一個心理學家會有這樣的想法吧？愛情不是應該走心的嗎？怎麼會把焦點放在外表呢？

在失戀帶來的痛苦面前，心理學知識對我來說，只是放在書櫃裡的東西。現在真正受到威脅的是我的人生。我的反應就跟一般網路酸民沒兩樣，仇女、憤世嫉俗、開始崇尚肉眼可見的光鮮亮麗。

我跟很多女孩約會，然後瘋狂打卡，彷彿要跟全世界說，你看，離開了這段愛情，我過的好得很呢！

其實，我是想給她看。

我想讓她看，沒有你，我一樣很好，比以前更好，你後悔了吧！

沒人知道的是，在我約會完把女孩送回家，獨自開車回租屋處的路上，總是流著淚。我看起來花枝招展、左右逢源，其實我只是想要炫耀，讓自己發光，好讓大家看不到我空洞的內心。

由於我還算會說話，所以我真的也能吸引到一些外表很漂亮的女孩。然而，我並沒有想跟她們進入一段關係，所以也僅有吃飯、出遊、看電影等行程。直到有一天，我開始覺得不對勁，我到底在做什麼？這樣做能夠得到她的回心轉意、能夠讓她再看我一眼？能夠讓我得到一份真摯的愛情嗎？

就算這段期間遇到一個不錯的女孩，我也還沒準備好進入下一段關係。我還處在一個「想像式報復」的想法中，以及我對愛情的價值觀變成了「只要帥、有錢，沒有心也可以」。

不，我要的是心。有心，才能感受一段有溫度的愛情。

說起來，我是幸運的，雖然在衝擊當中，我一度用扭曲的價值觀來生活，還好我保持了對生活的覺察與思考，才能讓自己的初衷慢慢浮現。

雖然冤枉路還是走了一段，但我不覺得那段路白走，因為有些錯就是注定會犯。不然，世界上有這麼多的智者、這麼多的愛情經驗談，為什麼在愛情裡還是有這麼多人痛苦？因為這個反應不是想避免就可以避免的。

當然，我反應的只是我自身價值觀的衝擊，你的價值觀呢？你原本相信的，在失戀之後，可能會變得不一樣。但是還是要請你想想，這段愛情如何改變了你，你是否還有機會重新相信，原本你所相信的愛情呢？

在這個階段裡，我試著接受我有這麼多情緒，試著接受自己在心中形象的崩壞，試著接受生活上的改變，試著接受我的世界失序。

所謂的接受，很像看電影，不管電影內容如何，的確就是我們看到的。我們可以像影評人一樣，說說觀影之後的心得。請注意，是「心得」（請把層次拉高），而非批評劇中人誰對誰錯，或你認為這部電影應該要怎麼演，因為電影已經演完了。

嗯，我跟她的愛情電影，已經在某一天演完了，結局有些令人遺憾，看完電影之後，我哭了好久。

直到今天想起，心還是有一些酸酸的。

我真的接受了。

我愛的她，離開我了。

Part 3

我知道為什麼會失戀嗎？

10 到底走了哪些路，讓我們從相愛走到絕境？

不再有魔力了，
我們像一般人一樣見面，你不會帶給我奇蹟。
我也不會帶給你。

——莎拉・蒂斯黛爾（Sara Teasdale，詩人）

「為什麼？不是都好好的嗎？」分手後，有好長一段時間，我一直問自己這個問題。

直到慢慢從失戀中走出來，我才發現：**最好是都好好的啦！**難不成她是大冒險玩輸了，才提出分手的嗎？

很多描寫失戀的情歌也是如此，面對愛情突然逝去，總讓人有措手不及的感覺。這種感覺很像一覺醒來，發現自己突然失去了某些特異功能，一種可以讓她開心的特異功能。難道我像周星馳電影「賭俠」一樣，沒收功就罵髒話，才導致功力盡失？

這一切並不是突然來臨，但無知的人往往最後才知道真相。是我太遲鈍，沒看到愛情裡的變化，或者更慘，我根本就把眼睛耳朵摀起來，拒絕看到，也拒絕承認愛情裡的變化。

愛情為什麼流失？

心理學的訓練裡，心理師在進行治療之前，要進行一個很重要的程序，叫做「個案概念化」。在這個程序裡，心理師必須釐清：這個人怎麼了？發生什麼問題？這個問題為什麼會產生？問題一直持續、無法消除的原因是什麼？

這樣的評估往往需要蒐集很多資料來綜合判斷。有人會問我：「心理師，我心情不好，要怎麼辦？」「我跟女友吵架了，要怎麼辦？」我沒辦法馬上了解大部分的情況，所以無法立刻給出答案。

給答案這件事，不像感冒就吃普拿疼那麼簡單。事實是，普拿疼裡的每一種成分，並不完全適用於感冒；事實是，你的症狀也不一定是感冒。

當我說我無法馬上給出建議時，對方通常會覺得我很遜。我也曾經有過這種感覺，失戀時，我問自己，學了這麼多心理學，我知不知道她為什麼不愛我了？我該怎麼幫助自己好起來呢？當時，也沒有答案。

如同解數學題，重點不是答案，而是思考題目與解題過程。以分手的狀況來說，答案就是「不愛了」。但我們必須知道，我們到底是從哪裡開始走、走了哪些路、在路途上我受了什麼傷、我傷了她什麼，最後導致愛情的流失。

當時的我，關於以上這些問題，我什麼都不知道，或者，**我什麼都不想知道**，只知道她要離開、我很痛苦，我不想這麼痛苦。對於失戀的人來說，要思考這些可能有些殘忍，失戀已經讓人很慘了，還要去想、去分析，才能慢慢讓自己好起來嗎？

遺憾的是，沒人能代替我們受傷；同樣的，也沒有人能夠扛起讓我們復原的責任，只能靠自己好起來。

就算我是心理師，我也沒辦法「幫助」我的個案好起來。這並不是推卸責任，我認為，讓個案走出心理創傷，心理師只占百分之三十的責任，個案的努力要占百分之七十。走出失戀，是需要練習的，如同練習才藝，找到好老師固然重要，但獨自練習的時間，絕對比上課時間要多上好幾倍。

直到開始思考我們經歷的每一件事，我才慢慢體會到，愛情的失去，是必然的結果。

在思考這些過去的時候，提醒你，你可能會經驗到許多情緒，例如快樂、甜蜜、不捨、憤怒、不甘心、悲傷、自責……等等，這都是很正常的反應。但請你記得，**思考這些過去不能改變什麼，也沒有要改變什麼**。

請你抱持一個檢討考卷的心情來思考，已經考完了，寫錯就寫錯了、粗心就粗心了、沒念就沒念了，重點是，知道自己為什麼會這樣。但是，知道了之後，總不能要求老師更改分數，或者讓你重考一次吧？

說說自己的故事

你知道嗎？心理師很常聽別人說故事，通常故事就隱含著在愛情中所發生的一切，請你也試著說說自己的故事。

要挑哪一個章節呢？當你想到他／她、想到你們的感情，腦中最先浮現出來的情節，不管是相戀、爭吵、分手，就是它了！最先浮現的想法，通常都帶有特別的意義。

這個故事該說什麼呢？請你在描述情節之外，也多說說自己的感受，如果你的心力還有餘裕，也多說說對方的感受。請記得，在說完感受之後，提醒自己，不要評價這個感受，也就是，任何的感受都沒有應該或不應該、對或不對。

當一個好的說書人，可不能只從主角的視角出發，也請你試試看用伴侶的視角，或旁觀者的視角來說這個故事。

在說書的過程中，我們自己同時就扮演了說書人與聽眾，自己的故事，自己的人生，自己必須要最能闡述，也最能接受。

以下是我曾經對自己說過的故事：

介文……你是不是……很怕她生氣？

不知道為什麼，在你做每一件事的時候，首先想到的，是「她會不會生氣」，而不是「你為什麼要這樣做」。

你跟自己說，要讓她一直都感到開心，但你知道，一直順著她的意，並不是唯一讓她開心的方法，甚至覺得，你只是害怕意見跟她不同，害怕跟她吵架而已。

這些看似貼心的行為，其實都在你心中，一點一點的埋下委屈和爭吵的種子。

而且，換個角度想，她也沒這麼愛生氣吧！她不也希望能跟你溝通嗎？誰喜歡在愛情裡，另一半總是沒想法，說什麼都好？

跟你說這些，只是希望你可以想想事情發生的經過，並不是誰對誰錯，或者什麼關鍵的事件所造成這麼簡單。兩個相愛的人漸行漸遠，期間一定發生很多事，也受到很多因素影響。

我知道你很難過，但是我願意聽你說。有很多傷心、憤怒、難為情的故事，至少還有我聽你說。

11 愛情是人生的縮影

傷口是光進入你內心的地方。
你的任務不是去尋找愛，
而只是尋找並發現你已在內心構築起來的一切反抗它的障礙。
——魯米（Mevlânâ Celâleddin Mehmed Rumi，波斯詩人）

我談過好幾次戀愛，除了與她的這段感情令我刻骨銘心之外，其他幾段感情走來也是跌跌撞撞。

或許是因為從小參加演講比賽，長大後從事的工作又需要一直講話，我描述起自己的愛情總是十分精采、蕩氣迴腸，像電影情節般轟轟烈烈。

如果電影是人生，一定會有鏡頭拍不到的地方吧？一定會有一些很日常、很煩人的事情吧？例如王子跟公主結婚之後……也要去超市買衛生紙吧？不然上廁所要怎麼辦？也會為了假日誰要刷馬桶而爭吵吧？

愛情不是生活的全部，在熱戀之後，終究得回歸到我這個人，到底怎麼生存在世界上，我跟別人的互動方式，多少也會影響到我跟伴侶的互動方式。

但我們從小看電影、電視長大，都被劇情裡的愛情給騙了。因為買衛生紙、下班後要吃什麼，永遠不會是觀眾想看的，鏡頭也不會帶到。但現實生活中，卻非經歷不可。

所以，我必須很努力、刻意，而且認真的思考自己的生活，才能從失戀當中走出來。

愛情裡的兩個我

「心理師的脾氣都這麼好嗎？你好像都不會生氣，我好喜歡你這一點。如果以後我們結婚、有了小孩，我希望孩子的脾氣像你。」

我們的確度過了一段很甜蜜的日子，你們也是吧？請你相信，這些甜蜜的日子**都是真的**。不管現在的場面多麼難堪，分手分得多麼難看，但你們真的曾經深愛彼此。就像我相信，她不是大冒險玩輸了，才跟我交往的。

我們剛交往不久，剛好碰到她的生日與聖誕節。我想了許多慶祝活動，用了許多時間與心思。不只生日與聖誕節當天，一整個週末都有不同的行程，為此也耽誤一些課業進度、與同學的報告討論、經濟上的透支。當時還在跟家裡拿生活費的我，不得不開始兼家教賺錢。以醫學院研究生來說，接家教是一件不可思議的事，因為平常光做研究以及實習，就夠累人的了。

雖然慶祝活動為我的生活帶來了一些壓力與負擔，據當時身邊的朋友表示，我就好像有用不完的精力，可以承擔、應付這一切，即使遭受他人責難，我也可以面對。加上過程中，她對行程也有一些意見，我也都可以為她著想，她一直誇讚我很貼心，脾氣很好。

但分手前幾個月，稱讚開始變成：

「媽的，你的脾氣為什麼這麼差？你不覺得你很自私嗎？我一刻都不想跟你說話，你一開口，我就覺得很煩，忍不住想跟你吵架。」

這段話，與前面那段話，都是她親口說的。我曾經對此感到非常的不解與挫折，為什麼她對我的感受與印象會差這麼多？

這並不是一個心理師走下神壇的故事，也不是一個女生改變的故事。事實上，她說的沒錯，我的確展現了兩種不同的行為。只是在那時，我並沒有察覺到自己的改變，只是一味把眼光放在愛情即將逝去的焦慮上。

其實，不是我變了，也不是她變了，而是在感情裡，我不自覺做出一些行為，也影響了她。我必須把這些不自覺一一找出來，否則，會持續的被它所影響。

怎麼生活，就怎麼愛

在心理治療裡，我發現大部分人的行為都有一個固定的，或者大致相符的模式。這其實是心理學對於個性（Personality）的定義：一種跨時間、跨情境的穩定模式，包含一組行為、認知、情緒模式。

讓我來翻譯一下，你如何思考、會有什麼感受、會怎麼行動，不管面對什麼事情、在什麼時候，大致上都是一樣的。

再白話一點，你如何生活，在面對各種人生議題上，大致都是一樣的。

我發現，我是個挫折忍受力不高的人。這樣說或許會有貼標籤的嫌疑。我試著把這樣的情況講得清楚一點：在生活、學業、工作中，我應該是可以表現好的，但在遇到比較困難的事情，或需要等待一段時間才能知道結果的事情時，我會感到緊張，甚至有點不想面對。

在順風順水的時候，我可以表現出還不錯的樣子，為她付出、為她著想。一旦事情的發展不如預期，我就開始慌亂了，出現各種情緒，包括焦慮、憂鬱、憤怒……。

如果以球員來比喻，我很像只靠手氣的球員，手感一順，就打得虎虎生風，但是我不擅長打落後的比賽，如果遇到逆境，就可能兵敗如山倒。

在生活中、愛情裡，怎麼可能不遇到逆境呢？也難怪我的愛情都有個甜蜜的開始，卻有個爛尾。換到生活上，我也發現我遇到難題通常會愣在原地，拖拖拉拉或逃避。

愛情無法獨立於生活存在，我們怎麼生活，就會怎麼愛，如果想從失戀中走出，或者在愛情裡找到安適，就必須先找回自己生活的步調，好好工作、好好交朋友，好好跟家人相處。

做自己的心理師

面對生活？逃避生活？

你是怎麼樣的人？過著怎麼樣的生活？

回想我的生活，大多數時間都是焦慮的，只是別人沒發現而已。擔心自己表現不好、擔心考試考不好、擔心作業沒寫完、擔心個案不滿意我的心理治療、擔心她不愛我。

有時甚至不知道自己在擔心些什麼。

後來我發現，我在面對挫折時，除了焦慮，實際上我是沒有什麼作為的。也因為沒有作為，在潛意識中明確知道，事情的發展可能會變糟，然後導致更多的焦慮。

在心理學上，面對壓力，我們的身體會有兩種反應：「戰或逃」，如果要戰，並不是要你用生氣或者攻擊的方式反應，而是要真正做些什麼來因應壓力。

如果在愛情中，你和我一樣，不太敢面對和表達自己的感受，邀請你和我一起從生活中開始，遇到困難的事情，再等一等，試著去面對。

12 我的生存姿態是什麼？

你看不見你自己，你所看見的，只是你的影子。

——泰戈爾

從我念心理系開始，我就會背「心理學」這門學科的定義：心理學是在探討人類行為以及行為背後原因的科學。

可惜在這段感情裡，我沒有去探討行為背後的原因。

心理學家薩提爾認為，行為是最表淺的層次，在與他人相處的時候，只看表面行為是不夠的。我們的心理狀態如同一座冰山，露出海平面的只有一小部分，而冰山與海平面之間的交界，這條若隱若現、必須仔細觀察的線，就是我們的

「生存姿態」。

薩提爾是家族治療的大師，家族治療在心理治療裡是非常重要的一個理論與學派。家庭是我們最早生存的地方，家人則是我們最早互動的對象，「與人互動」這一項技能與功課，都是從與家人開始的。如果家人之間的互動出了問題，我們就會「演化」出一種能夠在家裡生存，但是很扭曲的互動方式。如果使用了這樣的互動方式，那真正的目的就不是溝通，而是生存，或者為了獲取某些我們想要的東西。

讀到這裡，請先別急著回想家庭或家人對你做了什麼，讓你變成現在這個樣子。如果說家庭的溝通方式，可以用「健康程度」來衡量的話，如同每個人的健康狀態，很少有人是可以百分之百健康的。

每個人或多或少都有一些小毛病，有些症狀可以忽略、有些則會影響生活，如此而已。

回顧過去，目的是了解，而非找戰犯。

指責、討好、超理智、打岔

如果你可以接受這個觀點，我們繼續往下看。這樣的生存姿態，在溝通中可以分成四種：**指責**、**討好**、**超理智**、**打岔**。

慣用指責姿態的人，溝通時會先貶低別人，或者用命令、否定的方式，看起來，他就是一個比較聰明、比較懂、比較有權勢的人。

慣用討好姿態的人，溝通時反而會先貶低自己，即使有想法，也不會表達出來，忽略自己的需求，也不管身處的狀況為何，就一味的答應。

超理智是一個好像很不錯，但實際上溝通會讓你氣死的一種姿態。這樣的人感覺非常的超然，不管別人的需求、也不管自己的需求，一切只從是非對錯著手，十足公道伯的模樣。

我還記得，課本在描述打岔這種姿態時，所配的圖片是一個小丑。用這種溝通姿態，可能氣氛會十分熱絡，但是說話總是迴避重點，言不及義，用四兩撥千金的方式來溝通。噢不，這不是溝通，是笑一笑之後……問題依然沒有解決。

這樣的生存姿態，在我們遇到一些決定性的事件時，就可能會出現。何謂決定性的事件呢？就是遇到自己的弱點時。

這個「弱點」不見得是我們真的做得不好，而是我們在情緒上的一種焦慮。這種焦慮可能是想要什麼，但是自知要不到；想表達什麼，卻又擔心如實表達會帶來負面影響。

因為我實在太害怕她離開我了。

先前NBA有一個新聞，台裔球星林書豪離開了積弱不振的亞特蘭大老鷹隊，加入了有爭冠實力的多倫多暴龍隊，在二〇一九年也隨隊得到了總冠軍。轉隊之初記者採訪林書豪，他說，這可能是他生涯離總冠軍最近的時候。能夠加入暴龍隊，就像作弊。

沒錯，跟她交往，我也覺得像作弊一樣。在交往的過程中，我根本不知道她為什麼會喜歡我。

也因為這樣，我很擔心在交往當中的小挫折或小衝突，彷彿這些都是愛情變質的跡象，所以我盡量避免這些事情發生。如何避免呢？用「好脾氣」來避免。

這樣的好脾氣，是我用「討好」的溝通姿態所裝出來的。假裝忽視自己的需求，甚至在心裡說服自己要忽視這些需求，做個看起來很貼心的男友。

然而，我是說服不了自己的。這些沒有滿足的需求、被壓抑的情緒哪裡去了？它們不會消失，而是愈積愈多，會在無法用理智控制時，一股腦全部跑出來。

這些被壓抑的情緒發生在，我發現無論做些什麼，都改變不了她與我不同的想法。我開始生氣，因為，**我為你做的這一切，到底算什麼**？我在內心深處，不知她為什麼要喜歡我的疑問及恐懼浮現了，擔心她是否是撥去了原本糊在眼睛上的蜆肉，開始不喜歡我了。

所以，她才會在交往之初覺得我的脾氣很好，但在衝突中，漸漸發現我有很多負向情緒。雖然我並不是愛發脾氣的人，是我自己選擇壓抑這些情緒，硬生生把自己推向這樣的結局。

說說自己的溝通姿態

一個人的「性格」，是一個跨時間、跨情境都大致上穩定的特質，溝通姿態也是喔！

說說看，你在面對生活中的每一個人，例如父母、師長、上司、朋友、親人時，用的是哪一種溝通姿態呢？

見微知著，雖然這些溝通姿態看起來都是一個一個的小碎片，但集合起來，可是能夠拼湊出生活與愛情的全貌。我們談到了溝通的姿態，那麼溝通姿態會如何影響愛情，又應該如何修正呢？

．**指責**——沒有人想被指責，雖然有些事真的可以分對錯，但在愛情裡是感覺為重，對錯倒是其次。所以，如果你發現自己處在指責的溝通姿態中，請你試試看多說一些自己的感覺，少說一些對方的失誤，例如：「我真的覺得很難過……」

．**討好**——愛情不是求來的，對吧？如果你是討好型的人，要做的事情比較多，就必須「發自內心」相信自己配得上這段感情、你跟對方是平等的。先從理性婉拒一些對方的要求開始，把你的需求如實跟對方討論，才能真正讓對方相信，維繫你們關係的，是愛。

．**超理智**——在情感交流時，最討厭別人自以為公正的在那邊講道理了。有時超理智的回應，反而會讓人很崩潰。請記得，你們是在談戀愛，真實說出你的感受，面對你的恐懼吧。不過也請注意不要淪為指責喔！

．**打岔**——你真的很害怕發生衝突吧？但是，努力避免衝突，並不會真的就沒有衝突。我們來做個練習，在衝突過後幾天，雙方都還有印象的時候，找一個彼此心情好的時機，聊聊當時的狀況。這時候的氣氛，或許能讓你比較放心表達真實的感受。

然而，了解這些溝通姿態有什麼用呢？

你知道嗎？覺知自己處在扭曲的溝通姿態中，本身就是一種進步，或許短期內你沒有辦法改善（畢竟這個姿態你已用了大半輩子），但你可以從小地方練習起，例如在人際上試著平等與對方相處，試著在不傷人的情況下說出自己的感受。

千萬切記，不要一開始就去打大魔王，如果你真的很害怕、擔心衝突，就從小衝突練習起，循序漸進才是王道。

13 扭曲的人生、扭曲的愛情

這個世界沒有偶然，只有必然。

——佛洛伊德

「介文啊，是個好人，很溫暖的人，對大家都很好。」

這是當初朋友給我的評價。

我在長庚大學讀碩士班時，每天都會在研究室留到很晚。長庚大學地處偏僻，想買個宵夜就得騎摩托車騎上好一段路，非常不方便。每當我要去買宵夜，就會問身邊所有人要不要吃，要不要一起買，若是有好東西，也總是盡可能跟身邊的人分享。

我希望大家都喜歡我，**雖然我不知道大家為什麼要喜歡我**。我不認為自己好到可以被喜歡，雖然我在生活中的確有很多朋友，我的社交能力也不差，應對進退都很得體，但在與人相處時，我其實很焦慮。正確一點的說法是，與人互動時，我只是在執行一項任務，很像在集點，蒐集人際關係。

不過，這並不代表我不喜歡跟人相處，或者我的社交行為、在愛情中所有的好脾氣都是裝的。不只是我，大多數人都沒有這麼極端。我們與人相處還是會有開心的時候，還是會有真心想付出的時候，只是在心中，總有一個虛弱的地方，會讓人想極力去掩飾。

除了人際，我在面對愛人、面對家人，也同樣有想要透過付出，來換取目光或關注的想法。

調整內在受傷的自我

付出這一招並不是每次都靈驗，我有時換得到，有時換不到，只好採取其他方法。但我又無法依循「正道」而行，所以，我有時討好、有時指責、有時打岔、有時超理智，四種溝通姿態，我都用過了。

這些溝通姿態，除了讓我獲得與人相處時的成就感，還有一部分是為了掩飾虛弱的內在。

這樣說來，我是自卑的嗎？認為自己是不好的嗎？有一部分是，另外一部分，我也希望自己是個很有能力、讓人喜歡的人啊！所以我用盡各種扭曲的溝通方式來否定那個虛弱的自我，試圖建構一個完美的自我。透過委屈自己，讓別人喜歡我的同時，我也是自豪的，我會跟自己說：「看吧！我人緣很好，大家都很喜歡我呢！」

我就這樣持續用扭曲的溝通方式生活著，用這樣的方式交友，用這樣的方式戀愛。在這樣的軀殼裡，藏著一個受傷的自我，一旦發現可能是負向的訊息，自我就開始崩潰，用更極端的方式，想把自我黏起來。可能是更多更多的討好、更多更多的指責、打岔，或超理智。

處理失戀之所以困難，是因為愛情是人生中很深刻的經驗，是我們心中最柔軟、最容易受傷的一塊。然而，愛情會走到現在這一步，並不是偶然，而是生活每一個場景的縮影。有些人只處理了此刻痛苦的情緒，有些人甚至不想處理，只是執著於想回到過去扭曲的溝通方式，並期待用這樣扭曲的方式，得到自己想要的結果。

寫這本書的時候，跟她分手已經快十年了。我很感謝她的離開，是她強迫我去面對這樣虛假的溝通方式。同時我也要感謝自己，我沒有逃開，沒有繼續用這樣扭曲的方式來開啟下一段感情，繼續扭曲下去。

真正的愛情，不是誰去適應誰，而是能夠溝通內心的感受，在討論之後，彼此做出對方希望，而又不委屈的改變。

在愛裡迎合對方？

可惜當時的我並不這樣想，我自己扭曲就算了，我還把這樣扭曲的方式強加在她身上，希望她跟我一樣扭曲。這樣的「傳承」並不奇怪，在生活中隨處可見。例如在早期社會，受到重男輕女觀念所苦的女性，在當了媽媽、婆婆之後，大多數也一樣的重男輕女，並沒有因為過去的痛苦而更同情或照顧女性。

不管經歷了多少事情，只要沒有去調整對於自我的看法，它就不會改變。我從以前，就用這樣的方式來看自己、與他人相處，當然有過成功、有過被他人稱讚的時候，但沒有調整對自我的看法，我依然是自卑的，依然維持這樣的規則。

除此之外，我也用這樣的規則來要求別人：如果你愛我，你也要扭曲自己來配合我。

我扭曲了自己在愛情裡迎合對方，內心其實也默默希望對方改變自己來迎合我，所以當對方沒有改變，我就開始責怪對方了。

實習的時候，因為學業跟醫院事務繁忙，假日通常有事情要做，平時也只能擠出時間來約會，半夜回家才熬夜處理學業。有一次，我突然有了一個空檔，馬上打電話給她，問她要不要一起吃飯。她的口氣聽起來有些為難，說她在馬來西亞的大學同學難得回到台灣，三個月前就約好了那天要聚餐。

我很「體貼」的，用「略帶失望」的語氣告訴她，好，你就去吧……。但內心真正期待是，她可以聽出我語氣裡的失望，然後更改跟同學的約會。但是談著談著，我發現她好像沒有這個計畫，語氣開始急促、開始多了一些責備，到最後還撂了狠話，我平時那麼忙，難得放假，你都不能體諒我一點嗎？

最後，我生氣的說：「你也不想想我平常花那麼多時間陪你，功課都沒做完，為了你，我把實習搞得亂七八糟的！」

這句話讓她爆炸了，我們為此冷戰了好幾天。

後來呢？當然是我繼續用更多的討好，讓她展開笑顏。

之後，每每遇到感情的考驗，我總是用盡各種方法試圖告訴她，我為她做了很多，言語中不停暗示，如果你愛我，拜託你也為我做些什麼，最後往往得到她的反駁。如此一來，我又會認為她不愛我，開始生氣，繼續用討好的方式結束爭吵，留下雙方心中更多過不去的疙瘩。

這樣的爭吵愈來愈多，事後的討好愈來愈沒用，直到分手。

做自己的心理師

說說看自己的人生

愛情無法獨立於生活而存在，不管你幾歲，你怎麼活，就決定了你怎麼愛。試著回想自己生命中重大，或有印象的人際事件，無論好事或壞事，說說看自己是怎麼跟別人相處的，或許可以從中找出一些蛛絲馬跡。

我發現，我跟別人說話時，對於自己情緒或需求的表達其實很隱諱，也就是，會拐彎抹角，希望別人聽到我話裡的弦外之音，或者雖然答應別人做某些事，表情卻略顯為難，然後希望別人發現。

現在想起來，我會覺得，天啊，如果我有這樣的朋友，相處起來一定好累！在愛情當中，因為相處的時間長，議題也比較深入，如果她要猜我的感受，也會很累吧！搞不好累了幾次之後，就開始不耐煩了。

如果你也有類似狀況，請你先不要對號入座，試著說說看自己跟別人相處時的狀況，也別忘記了要多詢問自己的感受喔！

14 我是自卑的，也是自戀的

逞強是自卑感的另一種表現。不要努力「看起來很強」，而是努力「變得很強」。

——阿德勒（Alfred Adler，心理學家）

我國中成績很好，大致上都是全班前三名，升學考試是以我們那所國中的第一名，考上第一志願的高中。這段經歷常被我在演講中、文章中拿出來說嘴，因為這是我難得的成就。

或許有人會說，國中成績算什麼成就？你活到這麼大了，沒有其他值得讓你驕傲的事件嗎？

應該是有，但我「覺得」沒有，還是講國中第一名，會讓我感到驕傲。

老實說，在我講這件事的時候，我隱約希望，讀者覺得我是好的。或在人際中，我也希望別人覺得我是好的。看起來這是一種沒自信或自卑的表現，但骨子裡是一種自戀。

說到「自戀」，或許你會聯想到櫻桃小丸子的同學花輪，那種認為自己很帥、什麼都很棒的樣子。這裡所提到的自戀，則是一種「我希望自己是好的」、「我希望別人認為我是好的」的感覺，也就是我們都希望自己可以喜歡自己，希望別人喜歡自己，這是一種好的自戀。

另外還有一種自戀，叫做「認為自己是對的」，即使這件事原本是錯的，只要我這樣以為，我就會希望它是對的。這時候，就會出現矛盾的情況。如果我認為「自己是不好的」，會怎麼樣？一部分的人會努力擺脫這個想法，努力讓自己覺得自己好，或讓別人覺得自己好；另外一部分人則會努力捍衛「自己是不好的」這個想法，努力讓自己變不好。

這樣說，或許你會覺得很奇怪，怎麼有人希望自己變不好呢？是的，沒有人希望自己變不好，但是，如果要破除「自己是不好的」的這個想法，必須實際驗證自己到底好不好，其中就會冒著「自己真的是不好的」的風險，實在太危險了。與其這樣，寧可先放棄，捍衛「自己是不好的」的這個想法。

這樣的負面自戀並不少見。想想看，你身邊應該有些人把「反正我就是的白痴」、「反正我就是做不好——」這樣的句子掛在嘴邊吧？這些人真的嘗試過克服自己的弱點了嗎？或許有，但是很多人並沒有堅持，對吧？這樣說來，捍衛「我就是不好」的信念，反而可以讓人避免痛苦。

你只想到自己

回到我身上，雖然我沒自信，但我依然希望別人覺得我是好的，我所做的一切，不就是一直在希望別人覺得我好嗎？

只是這一切都太奇怪了，我用扭曲的方式，在心理上「讓自己覺得自己是好的、讓自己覺得別人也認為我是好的」，但一部分又害怕改變，在捍衛「自己是不好的」這個信念，我活得好辛苦，人際上的邏輯好錯亂。

這個邏輯是這樣的：

1. 我希望自己是好的，但又覺得自己是不好的。

2. 外界任何一點風吹草動，就很容易讓我覺得自己是不好的。這個「不好」可能來自於我的想像，或者是我真的做得不好，即使如此，我感受到的不好，絕對比現實更強烈。

3. 我想要否認這樣的不好，試圖扭轉別人對我的看法，使用指責、討好、打岔、超理智的方式。

4. 最後，別人真的覺得我好了嗎？我管不著，我只要「覺得」「別人覺得我好」就好。

所以，我在人際關係中，有時會說一些言過其實的話，會不經意美化自己，或者不經意的表現出對他人的好，試圖讓他人喜歡我。

既然我都做了這麼多，別人應該要喜歡我才對啊。這時候我腦中浮現出一個想法：「你想過別人的感受嗎？沒有，你只想到你自己。」

這樣的自戀之所以會失敗，是因為我們在做這些心理運作時，根本只活在自己的世界裡，這些想法都是自己說自己爽，根本沒有把別人一起納進來。我在人際裡，關注的都是自己會不會受到別人的喜愛，我有問過別人的看法嗎？沒有，我不敢問。我以為這樣，別人會喜歡。我不敢問，因為我怕問到我無法接受的答案。

這種扭扭捏捏跟自以為是的態度，才是讓愛情離開的原因呀。

說說自己的自卑與自戀

每個人都希望自己是好的，也希望別人認為自己是好的，想想看，你在愛情裡，希望對方看到哪些你好的面向？希望避免對方看到哪些你不好的面向呢？

另外，在感情裡，你是否會不可避免的犯一些錯？或許這是一種「自我驗證的預言」喔！也就是你愈擔心害怕什麼，事情愈有可能會朝著那個方向發展。

回顧你在愛情裡的經驗，是否曾經覺得自己總是不斷付出，對方卻不知足或不知感謝的情況呢？

如果有，或許你已經陷入了自卑與自戀的糾結之中。我必須承認，有一部分人在愛情中的確較為自私、不知感恩，但是先不要將對方歸類成這樣的人。

跟你說一件有點丟臉的事。我還是個新手心理師時，大多數時間是慌張的，因為我總是在想：「依照課本，下一句話要說什麼？」「我說的對不對？」反而沒有心力去傾聽眼前的人要跟我說什麼。

如果你也有這樣的傾向，放心，我不會要你「放下」這些擔心與自卑。因為大多數人一時之間都放不下，包括我自己。但是能不能請你練習，在相處的時候，多關注對方呢？多觀察、多聽、多問，多將心力放在對方身上。

我聽過一句話，「兩個人在一起時，總是想到自己；一個人的時候，總是想到對方。」如果能在相處的時光裡，真心跟對方互動，一個人的時候，正視自己的弱點，並且接受自己的弱點，才能在愛情中成長。

15 我不好、你也不好

嘿，要明白，你很好，她也不壞。

——郁可唯〈路過人間〉

在人際或在愛情裡，你如何評價自己？你是否曾做過一些事，來測試你們之間的感情？你是否曾因伴侶的某些行為，而感受到他／她不愛你了呢？

我有一種感覺，在交往之初，她的一切都顯得很貼心、很可愛。在交往後，我總有許多她不在意我的證據，或者她對我的嫌棄。

有一天，我家教完回到家，發現她正看著食譜，做了幾道小菜，等我一起吃午餐。那天的菜色在我心中留下非常深刻的印象，有她從同事那裡拿到的，加了很多佐料的涼拌皮蛋；有我們一起去市場買的青菜、配上她媽媽特製的芝麻醬。這似乎是我們在一起，吃過最好吃的一頓飯了。

上面這段回憶，在我心裡存在了很多年，自此之後，我就一直很嚮往這樣的午餐時刻，但是再也沒有過。多年後，我回頭來看這一段回憶，我知道，這樣的情況，不是再也沒有過，而是我忽略了其他時候，我們共進的，有意義的午餐。我忽略了其他時候，她對我很好的時刻。我都忽略了。

或許，當時的我，不覺得其他時刻是重要的。

相戀容易相處難

精神分析學派的心理學家認為，我們愛上的，不是眼前的人，而是自己創造出來的幻影。心理學家武志紅這樣寫道：「我們常說，相戀容易相處難。相戀時，其實我們沒有和對方的真實存在打交道，而是將自己的幻想投射到對方身上，然後與自己的幻想打交道，這自然比較容易。相處時，我們就要看到彼此的真實存在，從而能適當地放下自己，與那個和自己一樣擁有獨立意識的人打交道。這的確更難。」

難怪為什麼相處得愈久，問題愈容易浮現，因為我們有足夠時間去了解，或驚訝於眼前這個人，跟心中幻影之間的落差。

而我創造出來的幻影，是怎麼樣的呢？

心理學家伯恩（Eric Berne）認為，我們對於自己、他人的看法，都有好（＋）、不好（－）的差別，伯恩稱之為「心理地位」，這可以形成四種組合，就是「我好、你好」、「我好、你不好」、「我不好、你好」、「我不好、你不好」。這樣的組合，會產生如下頁圖呈現的溝通型態。

我發現，我不只對自己存在負面的想法，有時候，我也會把這樣的想法投射到別人身上，認為別人也是不好的。這樣的現象並不奇怪，我們在團體裡最怕落單、最怕自己跟別人不一樣了。我看過一張網路圖片，一隻土撥鼠跟上帝禱告：「神啊，如果不能把我變瘦的話，那就把我身邊的朋友都變胖吧！」因為我認為自己不好，在不能改變自己的情況下，認為別人也不好，有助於自我感覺良好。

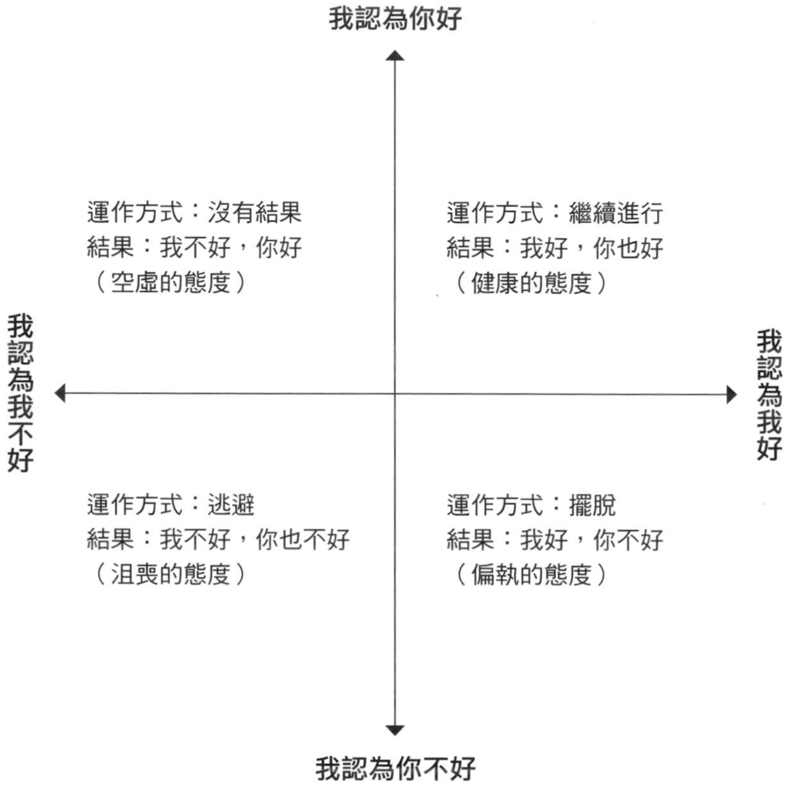

取自史都華（Ian Stewart）、瓊斯（Vann Joines），2012年

如同上圖所列，我在愛情裡也常感受到沮喪與空虛的態度，我覺得自己不好，擔心她不愛我，連帶的，她做了一些愛我的事，我根本感受不到，或者我根本拒絕去感受，心裡早已認定她是不愛我的。

心理學上用「帶著有色眼鏡」來形容這個現象，如果我心中已經有了先入為主的觀念，那麼任何事情在我感覺起來，都充滿了她不愛我、她不重視我的證據，這已偏離事實了；而接受到這些訊息的我，也很難控制自己產生負面的情緒，很難不對自己生氣，或者不對她生氣。

如果當時我願意試著放下一些焦慮，試著處理「我不好」的執著，或許我會看到更多愛情閃耀的時刻。

我好，你也好？

在心理地位中，覺得「我好、你也好」是最健康的狀態，但我們的心理地位會隨著不同的事情而轉換。請你也畫出一個象限圖，回想在你們的相處裡，有沒有四種象限的心理地位變化？都是些什麼事呢？

我發現，我很容易認為她不好。而這些不過是我自卑的投射，因為我覺得自己不好，所以我就說你也不好，讓自己不好的感覺合理一點。很像考試不及格，就說別人也沒考多好一樣。

但別人不好，跟自己好不好，其實沒有太大關係。

我更應該要關注自己覺得自己不好的時刻，並且詢問自己「是哪些事情讓我感覺我不好？」以及「為什麼這樣就是我不好？」

這個答案會愈問愈單一，因為多數時候，我都不相信自己是好的，跟她無關。

練習看看：

我認為你好

多數時候，我都處在這樣的狀態，認為跟她在一起是非常幸運的事，我簡直配不上她，愈幸福，心裡愈是空虛。

有時我也會覺得我們兩個適合在一起，彼此都有吸引對方的優點，但這個情況實在太少了。

我認為我不好

我認為我好

吵架時，有時我認為她不把這段感情放心上，對她有怨言，但又對自己挽回這段感情沒信心，常感到沮喪。

在後期吵架的時候，我常陷入好像只有我在付出的狀態，是一個悲劇英雄的角色，萌生放棄的想法。

我認為你不好

16 一切都是自私

想挽回，是因為你愛自己勝過對方。

——佚名

在人與人的相處中，我不太相信有人會刻意去欺負誰、刻意去侵犯誰。很多欺負與侵犯的行為，都是為了滿足自己的需求，而忽略或刻意忽略他人需求所造成的。包括那些以愛為名的欺負與侵犯。

我們在一起的第三個月，她接到了一份可以到美國工作的面試機會。等等，這不是一個遠距離把我們拆散的故事，真的不是。

她興高采烈的去面試，興高采烈的回來，告訴我面試官很滿意她的表現，很讚賞她的能力，雖然沒有明說，但我知道去美國是既定的事實了。

「喔。」我冷冷的回應。

這真的不是一個遠距離把我們拆散的故事。

接下來的日子裡，她開始準備出國所需的一切，簽證、住處、認真補習、加強英文能力。

我開始潑她冷水，試圖營造台灣還是比較好的氛圍。

（為什麼台灣還是比較好？因為台灣有我啊。）

她計劃著我多久去找她一次，有一次還很開心的告訴我，她要去的城市有我喜歡的ＮＢＡ球隊，我們可以一起去看球，而且她現在英文愈來愈好，可以當我的嚮導。

我還是繼續潑她冷水，因為台灣比較好。

她生氣了，抱怨我不尊重她的夢想。我也生氣了，告訴她，你不尊重我們的愛情。你覺得我們才在一起三個月，直到你出國，也還不到一年，你覺得我們的愛情撐得過遠距的考驗嗎？

索求回報的愛

我不只沒有跟她的理想同步，我還不相信她。說穿了，是我不相信自己。在意識到無法改變她要出國的事實後，我卯足全力對她好，我要在剩下的這段時間裡，努力提升愛情的品質。於是我開始計劃每個週末都要跟她相處，安排聚餐或小旅行。

與她相處的過程中，我以為自己正在付出愛，但是這個愛是有代價的，實際上我是透過付出愛的這個行為，來換取自己需要的東西，也就是她的愛。如果換不到，就會產生抱怨與委屈，在這個過程中，會不經意的對她，也對我們的愛情造成傷害。

想起來，我當時真的很自私。但她就不自私嗎？當時我一度認為她是很自私的，直到分手之後，對她還有一些怨懟。但是，她不就是在實現自己的理想嗎？而且，這個理想也不見得對我們的愛情有傷害。我知道遠距有很多考驗，說到底，我並沒有想跟她一起面對這個考驗，反而是不斷的去避免這個考驗，然後把責任都推到她頭上，責怪她為什麼要離開我。

有幾次，她對我抱怨，有時候週末她想留給朋友或家人，或什麼都不想做，單純留在宿舍發懶，但我每週都安排活動，她有些吃不消。

我當時認為她不懂我的用心與焦慮，難道她不想趕快讓我們的感情升溫，好抵禦遠距離的影響？

現在我知道了，她不怕，她未來的藍圖裡，一直有我。我不知道如果我們真的沒分手，能不能撐過遠距的考驗，但至少她計劃要出國時，的確有把我放在藍圖裡，反而是我堅持著自己的藍圖，不肯做出一點改變。

做自己的心理師

每個人都有自私的時刻

每個人對愛情原本就有自己的想像與規畫，實際踏入愛情中，卻是要跟伴侶一起探討兩個人共同的規畫、建立共識。雖說兩人的規畫與共識，甚至對於愛情的想法與感受不可能完全一樣，但若只看到或只關心自己的想法與感受，或者沒有與對方討論，就要對方「尊重」自己，就是一種會傷害關係的自私喔！無論是單純的自私或單純的不自私，對愛情都會是傷害。我們都要學習在自私與不自私之間，找到平衡點。

想想看，在愛情裡，你是否也曾有因為自私，而導致愛情出現危機的經驗呢？

當你聽到「人都是自私的」，可能會感受到被指責。在愛情中，或許可以換成「我的意見」與「你的意見」、「我的需求」與「你的需求」之間的協調，看看你是否可以再做讓步與協商，並且互相尊重彼此的底線。

但這也有個前提，你的需求，並沒有包含其他的潛在需求，例如我不想要她出國，並非我完全無法接受遠距戀愛，而是我自卑大爆發所致。這是我自己要處理的，因為他人不需要為了你的性格而負責任。

說說你真實的需求吧！就算現在的你處於失戀狀態，你也可以澄清自己要的到底是什麼。

17 對，我瘋了

發瘋就是重複做同樣的事情，然後期望會有不同的結果。

——愛因斯坦

我在前一本著作《反芻思考》裡提到，自我概念弱的人，若在生活中遇到困難，會比較容易啟動自責、在心裡開批鬥大會，美其名是要檢討跟找出原因，實際上是把自己罵一頓。

這樣的批鬥大會之所以沒有意義，是因為在我們的內心深處，並沒有很想要改變、沒有很想要嘗試新方法，試試看結果會不會不一樣，只要在內心把自己罵一頓就好，而且罵得愈狠，逃避效果愈好。

我想到治療室中的一個孩子，重複偷竊老師的手機。在面對家長的責備時，他說：「我都認錯了、道歉了，你們也打了，校規也處罰了，這樣夠了吧？」

你會知道，在批鬥大會裡，把自己罵得愈慘、愈是罵給別人看的、愈是在催眠自己「這樣夠了吧？」

真正讓我們焦慮的，是改變。

難以擺脫的自我概念

維持恆定、害怕改變，是自然的規律。在生理上，白血球會主動攻擊外來者，不管這個外來者是細菌還是移植後的器官。前者是致命的，後者是救命的，不管！一律攻擊。

這個扭曲的互動方式雖然不好用，但我已經用得很習慣了。不管別人最後到底有沒有真的喜歡我，但是我在心理上已經覺得夠了，這樣不好嗎？

在一般的認知裡面，我們也很害怕出現與過去不一樣的經驗，即使這個經驗不見得好，只要跟它不符，大腦就會自動扭曲這些事物，將這些事物合理化。

「認知失調」就是很經典的例子。

在認知失調的實驗裡，參與者被要求做一些很無聊的作業，例如翻書，或者把湯匙放在盤子裡，再拿出來。實驗做完之後，參與者會被要求出去之後要告訴下一組參與者「這個實驗非常好玩」。如果他們願意「騙人」，就可以得到報酬。其中一組人得到二十美元的報酬，另一組人只得到一美元。

這個實驗最精采的地方，就是原本那群參與者騙人之後所產生的想法轉變。得到二十美元那一組，心中可能會想，反正我是拿了錢的，騙人也是剛好而已；得到一美元的那組，就會有很嚴重的認知失調了。一美元合台幣三十元，才這點錢，值得騙人嗎？他們之間，有些人就會開始說服自己，其實這個實驗好像也沒這麼無聊嘛……。

一切都是為了，我們要維持經驗中那個穩定的自己。

在生活中，我是害怕改變的，總是維持著一套規則，例如努力、討好。我很難想像，如果我不討好別人，別人會發自內心的喜歡我。就算理智上知道，情感上我就是不敢嘗試啊！想要改變的念頭並不是從來沒出現過，但只限於腦部運作，並沒有實際去練習。等到真實面對社交情境，還是回到用得最熟悉、最上手的那一招。

與她在一起之後，這樣的焦慮更強烈了。

還記得嗎？這是一段好像作弊得來的愛情。我不知道這段愛情怎麼發生，也不知道這段愛情怎麼維持，更別說在愛情裡如何與她相處了。

以一個心理師的立場，我會說，一段感情的發生一定是有原因的，我一定有一些吸引她、讓她喜歡的地方，只是我自己不知道，或者，我不覺得這些地方值得被喜歡。

我依然維持著「我不好」的自我概念，但是又想擺脫它，想盡辦法讓自己變好、受到她的喜歡。想什麼辦法呢？還是原來那一套：討好。

我為你做了這麼多……

有一次，她說她跟前男友很喜歡開車到處去玩。

當時我還是學生，沒有收入、沒有汽車的我，暗暗的下了一個決定，要在聖誕節開車帶她去玩。

為了這個目標，我開始兼家教。對於碩士班高年級學生來說，應付課業、研究、醫院的實習，連睡覺時間都沒有了，更別說擠出時間去打工。

於是，在那段時間裡，我的睡眠嚴重不足，常常趕不及家教時間，飆車變成了常態，出車禍也成了常態。我人生中重大的車禍，有見血的那種，都發生在那段時間裡。最嚴重的一次是擦撞了汽車，整個人飛出去在地上滾，實在很慶幸我還活著。

終於，存到了一點錢，也熬到了聖誕節，開開心心的租了一輛車，但是我們卻吵架了。

我平時以機車代步，不會騎上台北市的高架道路，因此不斷迷路、繞路……最後只能匆匆玩一下，就送她回家。

面對她的不悅，我這段時間以來所受的「委屈」一下子大爆發。對我來說，我根本是用命換得這次的經費來旅行，她卻連繞一下路、塞一下車都不能忍受，根本就無視我這段時間的付出啊！

我一股腦說出自己的感覺之後，她還真的無視耶！她覺得，是我自己要做這些事，為什麼要怪到她頭上？

當下我心中真是出現一千兩百萬個「她不愛我」、「她真狠心」的念頭，事後也跟朋友抱怨過，完全把自己設定成一個「吃力不討好」的受害者角色。再補一槍，別忘了她還要出國喔。

現在回想起這件事，感受完全不一樣。

在我決定要當家教打工、決定聖誕節要帶她去玩、決定要租車、決定慶祝聖誕節的地點時，完全沒有跟她討論。而她感受到的是，我平日晚上、週六、日整天都在家教，相處的時候總是睡眼惺忪、無精打采，然後，下一步就直接跳到我對她生氣。

「我完全沒有要求你做這些，你到底懂不懂我要什麼？心理師！」這是她第一次這麼跟我說。

如果說可憐之人必有可恨之處，所以我真的不委屈。我做的這些，表面上看起來是為了要讓她高興，實際上是我為了因應內心的焦慮，一再使用同一個招數「對她好」。

直到今天，每次我在治療室裡聽到孩子說「爸媽都不懂我要什麼！」的時候，我都有類似的感觸。世界上很少有爸媽是不愛孩子的，也沒有孩子故意要惹爸媽生氣、以看爸媽生氣為樂。但有好多好多的親子衝突，在我的治療室裡發生。

我想到我的家庭、我的愛情、我的人際互動中，如果我能夠早點跟他們說，我其實很擔心我表現不夠好、我其實很擔心他們不愛我，那該有多好。如果我可以好好承接起自己的擔心，試著聽聽看他們的想法，那該有多好。

我相信我爸媽還是愛我的，他們只是希望我表現得好，爸媽只是在傳遞他們覺得對的方式。

就如同，她在我們相遇、決定交往的時候，也是愛我的。

久病想要成良醫的決定因素

我聽過一個職場大師談論到「經驗」時說：你是有二十年的工作經驗，還是一個經驗用二十年？

的確，很多人以為多談幾次戀愛就會好一點，但如果不思考愛情的經過，充其量也只是習慣愛情的過程而已。所以，久病是無法成為良醫的，充其量只是一種個案研究，去認認真真的念醫學系，才可能成為良醫。

請你思考自己的愛情經驗，是否重複著一些模式、重複著同樣的結局？你是否也因為執著而產生了僵化？

舉例來說，兩個人吵架時，其中一方固定會說「不然分手啊！」另一方就會開始求饒，提分手方還會故作姿態，考驗對方的誠意，然後達到一個平衡。

然而，有一天，被分手方再也受不了，說出「好，我同意」，這時提分手方慌了，回頭求著要復合。

這兩人重複使用著「指責」跟「討好」策略，但都放錯重點，不去探討現在到底在吵什麼。把話說開，雙方都是焦慮的。我接觸過許多「提分手方」，他們內心的自卑，甚至比被分手方更重。

正在看這本書的你，我想跟你做個約定，我們都要好好看看自己的內心，聽聽自己的感受，好嗎？

18 愛情這場戲，你能自己決定劇本嗎？

戀愛的感覺，無非是兩句話：重溫童年的美好，修正童年的錯誤。

——武志紅（心理學家）

人生如戲，是許多人共同的感嘆，似乎在我們出生後，人生就有一個無形的力量在控制著。我們很想找出這個力量是什麼，於是乎透過宗教、命理、星座、血型等因素，透過各種邏輯來解釋人生。

在學習心理學之後，我發現，生活並沒有這麼的被動與受控。在此必須先澄清，我要表達的是，我們可以掌控部分，但仍然沒有辦法達到百分之百，只能夠盡可能的發現與增加可以掌控的部分，讓自己重新拿回主控權。

諷刺的是，愈是覺得自己掌控力低的人，愈想掌控一切。俗話說「窮人多算命」，就是這樣。雖然看起來沒什麼道理，但是去算命、改運的人，難道不是想用這樣的方式來改變命運嗎？他哪還管得著這個做法有沒有道理，因為他已經沒有辦法了。

認知窄化

因為工作的關係，我曾接觸過經營當鋪的業者。跟他們閒聊時，我問他們，聽說當鋪利息比銀行利息高很多，為什麼還是有人跟當鋪借錢呢？他們回答，因為這些人能借錢的管道很少了，去銀行貸款的機會非常低，或者非常急迫的需要用錢，只能接受比銀行高的利息。

我也不用說別人，如果你從這本書的第一頁一路讀下來，就會發現，我多數時間都是活在自己的世界裡，希望用自己的方式得到愛，明明沒有用，卻還是一直堅持。

這個現象，稱作「認知窄化」。意思就是，當手邊資源愈少，就愈難做出理性判斷。想像一下，如果你到一個觀光地區旅遊，突然肚子痛想上廁所，發現方圓幾百公尺都沒有廁所，突然看到前面有一間店家，提供廁所「出租」，使用一次五百元，而且還不太乾淨，你會不會接受？

五百元真的是搶劫，但還不是得接受？

好吧，你可能會覺得：「拜託，這個狀況根本就不合理好不好。怎麼可能會這樣？都沒人管嗎？」

拜託！生活中不合理的事可多著呢！老闆叫你加班、爸媽要求你考第一名，這些合理嗎？有人管嗎？

重點是，為什麼我們要把自己搞到這步田地？

在愛情的岔路口

我一直強調，愛情是一個一路走來的旅程，我們必須知道自己從哪裡開始，還有為什麼會走到這裡。從分手那天開始，她很殘忍、我很受傷，但故事再往前拉呢？我相信你看到這裡，對我的同情一定少了許多。

與其說我無法控制愛情，倒不如說是我一手把我的愛情變成這樣，只是我沒有意識自己的所作所為而已。

因為，在當下擔心自己不被愛、擔心自己被拋棄的焦慮，讓我說服自己是「不得已」。我不用苛責當下的我為什麼要做出這種愚蠢的決定，畢竟事情已經發生，要避免過度自責，又落入反芻思考、以自責當作逃避藉口的陷阱。但我有義務要知道，我到底發生了什麼事。

也就是說，不管愛情旅程為何，我們必須認認真真的畫出自己的愛情地圖，在愛情地圖的每一個岔路口，都是自己選的。如同真正的地圖一樣，我們無法決定世界長成什麼樣子，日本已經是日本、歐洲已經是歐洲，但是我們可以決定要去美國、要去歐洲，要用什麼樣的方式去、要去哪邊旅遊。

由心理學家葛拉瑟所發展出來的「現實治療」十分強調選擇的重要性，許多看似瘋狂、沒有道理的行為，其實都是自己的選擇，多數時候，我們就是自己的上帝，如果表現出瘋狂的行為，也是自己這個上帝所允許的。

「對，一切都是我們自己造成的」。但我說出這句話的同時，並不是要你在心中把自己罵一頓喔！請記得，我們要自己負起責任，知道自己為什麼會這樣，以及自己要負責改變。

所以，我們真的可以決定愛情的劇本嗎？答案是，可以決定很大部分，但有一個很大的前提，我們必須先認清自己目前的劇本為何。

同樣的劇本，不同的演員

要我說，我的愛情都是一場「不可能的任務」。很慚愧的，身為一個心理學家，當時我在追求女性時，對於外貌層面的看重，多於心理層面。

而我就沒有三高，只是一個普通的男生。噢，還是一個平時就有點沒自信的男生。

你看，我是不是在打腫臉充胖子？

在此我無意討論女性或男性在顏值或條件上的差異，畢竟這只能代表一部分。愛情中，真的需要很多心理層面的交流。

只怪我當時不能理解這一點。

所以，如果以世俗眼光來看，一個普男追求正妹，是不是有點越級打怪的意味？更何況這個普男的自信心還是裝出來的。

看到這裡，你是否覺得普男應該要做點改變，才能打破這個循環？
也說說你的劇本吧！如果你是這個普男，你要怎麼辦？

19 發現你的生命腳本

幸運的人一生都被童年治癒，
不幸的人一生都在治癒童年。

——阿德勒

其實，我早就知道自己受到過去的影響。

我是個容易想太多、容易緊張，感覺又比較敏銳的人。說好聽點叫多愁善感，另一種說法是扭扭捏捏。直到今天，對，直到成年、當了心理師、做了幾千小時心理治療的今天，我仍然常夢見明天要期末考了，而我都還沒念書，或者明天要去演講了，而我還沒準備。

我對於夢的解析並不在行，但每每在夢醒時刻，我感受到的是深深的不安穩，擔心自己哪邊沒做好，或哪邊會犯錯的情緒。

夢醒後，每個白天，我都認為我很理智的生活著，但總在意識到自己似乎可能會犯錯，就開始出現強烈的情緒。以過去和現在相較，只能說，我可以比較好的壓抑這些情緒。

我發現，我會故意引導自己去犯錯，或者走一些注定會犯錯的路。

在愛情中，我隱藏自己的感受、刻意的去迎合她，但我似乎也有意無意的展露出自己的攻擊性，主動給這段感情製造危機。

因為我對她是生氣的。這個氣，平時被我壓抑下來，或者因為我的自卑，讓我不敢氣，但潛意識裡，我會找各種方法來為自己出氣。

扭曲的關係

決定要出國之後，她開始很認真的補習英文，一週大概會上兩到三次課。我們住的地方到補習班交通非常不便，她傍晚上課時，我還在醫院工作，但我堅持要在下課時去載她，只是我也常來不及趕到。

有一次，她問我：「你吃飯了嗎？」我回答：「還沒吃啊！為了要等你。」這句話讓她很生氣，認為我在責怪她。她大可自己坐車回來，不需要我載，我不用裝可憐。

我一度認為，她是不是被我寵成小公主了？我花那麼多時間，又沒吃晚餐，就是為了趕去接她，竟然得到這樣的回報！

但是，那天的狀況，**我真的是在怪她**！要迎合的是我、要責怪的也是我，難怪她生氣。

我早就知道自己受到過去的影響，我早就知道迎合不好，但也僅止於知道，在每一次與她的相處中，我仍重複著同樣的行為。

在愛情之外，生活中的我，也重複著一樣的錯誤。

例如，我常覺得自己是一個「很不會規劃時間跟工作」的人。這句話，我講了十年以上，約莫從高中開始，我就知道自己面對比較多、比較複雜的事務，時間規畫會有問題。十幾年後，我工作愈接愈多，但仍然維持一樣的工作效率與方法。可想而知，生活中會有許多「爆炸」時刻，包括我曾忘記一場演講的邀約、把兩場演講約在同一天，至於拖稿、病歷、治療紀錄遲交，根本稀鬆平常。

所有的行為都像固定程式，結果都大同小異。

與其說愛情是人生的縮影，不如說愛情是人生的一部分，我們的人生都循著同一個目標在走。但我竟然做了一些事情，導致愛情毀滅！

這其實不奇怪，因為在生活中，我總是勉強自己去做一些不喜歡的事，然後壓抑自己的怒氣。我常需要鞭策自己，才會動起來。雖然我也享受了動起來之後的成果，但是被鞭打畢竟不舒服，所以我潛意識裡也不喜歡這件事。

在我扭曲自己的感覺，以得到這份愛情時，我同時也憎恨這份愛情。

經濟學假設人是理性的，只要是有利的事，我們就會去做，不利的事，就不去做。後來有許多例子推翻這個假設，人有時就像犯傻，去做明顯不利的事。

人的行為都會遵循一個規則，只是這個規則不見得是普世的理性，或是追逐普世價值的利益，而是在這個規則裡，我們自認為的好處。

這個好處也不一定都是正向的效果，但消極來說，至少可以幫助我們逃避一些痛苦，或者讓我們避免去面對壓力。

所有行為都是自己選的，不管結果好還是不好。不是我發了瘋，只是我不知道為什麼要這樣選；甚至，我沒有意識到自己在選，彷彿一切都是命運。

我們自己，就是命運。

生命腳本

心理學家伯恩用「生命腳本」（Life Script）來稱呼這個現象，一切的決定在幼兒時期都已經被寫好了，根據我們自己、他人與世界的腳本訊息（Script Messages）來決定。

我發現，心理學家會用不同名稱來代指相似的現象，「生命腳本」跟「自我概念」也有雷同之處，如果再廣泛解釋，就是一組對自己的看法，或者價值觀。

伯恩認為，生命腳本裡的訊息是父母給我們的，這樣的來源或許過於單一。

你也不用過度將腳本來源局限於父母，在成長過程中，任何對我們重要、有過影響的人，都可能是腳本來源，有時還包括整個社會，以及當代的價值觀。

不管你與父母的關係為何，他們的確扮演了非常重要的角色，在生命之初，他們掌控著資源與安全感的來源，掌控著我們接收到的評價、掌控著我們與人溝通的方式等。

很有趣的是，即使我們都長這麼大了，即使往事可能久遠到你都快要忘記、即使成長過程沒有什麼巨大創傷，我們還是會重複小時候所學到的這些指令。

除非，我們自己意識到，並且主動去改變。

我幼稚園畢業時得到市長獎，我爸到現在還引以為傲。

他說，我讀幼稚園時，還流行著家長送禮物給老師，請老師特別關照小孩的習慣。我們家沒有送禮，老師並沒有給我特別的「關照」。幼稚園畢業前夕，老師逐一跟家長說誰得了什麼獎，畢業典禮當天要準備領獎，不過，都沒說到我的名字。於是，爸爸認為我應該沒有獎，所以不用浪費時間參加畢業典禮了。沒想到當天我得了市長獎。

爸爸跟別人講這段故事時，是驕傲的，因為他兒子最後得了市長獎。長大後的我聽起來，卻有這樣的想法：「原來我沒有得獎，就不配讓爸爸特地請假來參加我的畢業典禮。」

我必須特別強調，我講這段故事，不是要強調爸爸的觀念有多不正確、對我的影響有多糟。我讀了心理學、當了心理師之後，漸漸體會到「世代效應」對於彼此之間溝通障礙的影響。

我完全可以同理爸爸在他的成長背景下，學歷與榮譽對他的重要性，他不是不愛我，而是把他認為重要的東西告訴我。正是因為他太愛我了，希望我可以過得好，才會傳遞這些他認為很重要的價值觀給我。

你抓到的弦外之音

在這個故事裡，我學到了一個規則：「我必須很有成就，才能吸引爸爸的目光。」當我離家之後，規則開始從「爸爸」往「別人」擴散，所以無法很有成就時，例如成績普通、在班上沒有突出表現、在愛情中不是高富帥，不「特殊」，就會讓我很緊張，試圖用其他的表現，也就是「扭曲的溝通型態」，來獲得他人的目光。

與其說是好處、是自卑，倒不如說，我無時無刻被這樣的規則折磨著。沒有人一生下來就是自卑的，但身旁的人、環境，會默默透露這樣的訊息，或者，我們會誤解這樣的訊息。

以我父親為例，他並沒有覺得我不好，或者不愛我。媽媽告訴我，我第一本著作出版後，爸爸出門總是隨身帶著我的書，有機會就跟朋友分享。他不是要炫耀兒子有多了不起，但看得出來，他打從心底為我驕傲。

但是，我卻感受到他覺得「我不好」的訊息。可能來自於教養，他的行為無意間透露出的弦外之音。

這些弦外之音，傳達者可能沒有什麼意思，但卻容易被誤解。

我跟兒童個案互動時，有時會一起玩電玩，有些個案第一次玩，對遊戲不熟悉，或用了錯誤策略，看起來快要輸了，或者快死了，我有時會忍不住說：「你應該要……」「快點啦！你要死了」，甚至出手幫忙。

有一次，孩子在我幫忙之後，小聲跟自己說：「我好笨喔！」我才驚覺，我這些話語背後，好像隱藏了「你不行！換我來」的含意。這完全不是我的本意，但我卻默默傳遞給孩子這樣的感覺，讓他用這樣的方式來看待自己。

在我們還是孩子的時候，也會這樣解讀爸媽以及環境想傳達給我們的訊息，畢竟還是孩子，只能斷章取義去解釋這些訊息。我也是這樣，不知為何，默默就自卑了起來。

很幸運的，我在臨床上有很多機會接觸不同年齡、各種狀況的人，深入了解他們的狀況之後，我發現，過去經驗的影響層面非常廣泛，工作上、感情上、人際上的困擾，可能來自於同一套原因。不只在愛情裡遵循同一套劇本，甚至在各個情境下，劇本都有許多雷同之處。

更幸運的是，我有許多機會探究他們的人生故事，也代表著我有更多機會反問自己，「那我呢？」在我試著分析他們的故事，試著引導他們，我也會問自己，「那我呢？」直到這些知識在自身展開，直到我開始練習我跟個案說的每一件事，才漸漸接觸到自己的內心，真正開始放下與向前走。

我在書中談了一些與她相處的例子，也談了一些過去成長經驗對我帶來的影響，看似不相干，其實很多地方是共通的。當愛情的門被鎖住了，我們要做的，不是一直盯著門看，或不停的問門為什麼要鎖起來，而是起身去尋找鑰匙，鑰匙可能會在其他地方。

除了心理學給我的啟發之外，我常在別人討論商業、簡報，甚至是數學、物理時看見自己。因為發生在我身上的一切，並不是什麼光怪陸離的現象，反而都是符合常理，只是我自己不知道罷了。

解開你人生、愛情的鑰匙在哪裡？

看電影時，我們會依照「喜劇片」、「英雄片」、「驚悚片」等類別來選擇，每部電影的時空背景、人物、劇情都不盡相同，但是卻有著相同的分類。

身為觀眾，我們常常會知道一些劇中人都還不知道的劇情內容，然後在心裡罵著劇中人怎麼這麼傻，不知道背後原因，而做出奇怪的事。

你相信嗎？我們就是自己人生的編劇。心理師的功用不是要改變來求助的人的人生，而是幫助他們找到生命腳本的內容或公式，並協助他們做一些改變。

依照理論來說，生命腳本早在嬰兒或兒童期，根據當時所發生的事情，或者大人所要傳遞的訊息，就被寫好了。也就是說，我們可能很難知道最原始發生的事情是什麼。不過沒關係，有一些練習可以幫助我們發現自己的生命腳本。

透過夢、童話故事，或是自己喜歡的電影劇情，可以告訴我們一些端倪。我常常會做一些被追逐或者「來不及」的夢，可能包含考試前一天發現還沒準備好（明明都已經離高中或大學很久了），或者什麼事情沒有完成然後被追著跑。

也就是說，在我的腳本設定裡，或許我都是匆匆忙忙的。這一切會不會跟我規劃能力不佳、注意力不佳有關呢？或許有，但我發現最常見的理由是，我想要成功，因此我接了過多的工作，導致做不完。

然而，「需要付出過多努力，才能成功」，會不會是寫在我腳本的內容呢？或許是，所以下次遇到這樣的狀況，我應該要提醒自己。

最後容我再多嘴一句，想到這個腳本內容時，我想到了我爸對我說的幾句話，不過我不想把它寫在這裡，因為發現腳本訊息這個過程，真的沒有要找戰犯的意思，而是要自己發現、自己調整，也再次提醒你。

20 生命腳本的訊息

逆境不會塑造性格，而是揭發性格。

——詹姆斯・萊恩・艾倫（James Lane Allen，小說家）

你知道如何判斷一對情侶或夫妻相處得好不好嗎？不是看他們平常有多甜蜜、為對方做了多少事，而是要看他們**怎麼吵架**。

甜蜜的時候，每個人都可以很甜蜜，但是當情緒資源有限，或是感情遇到逆境或挫折，就是患難見真情的時候了。

如果說人的性格像冰山一樣，為什麼有那麼多我們不知道的訊息埋藏在海平面下，我們依然不會失序？因為平時大腦有一個管理員在，如同警察維持秩序，讓這些訊息得以控制。但遇到挫折，也就是管理員稍稍鬆懈時，我們平時沒有覺察到的自己，就冒出來了。

如同與她的相處，雖然我把自己扭曲成討好的樣子，至少我還有力氣可以扭曲、可以去討好。但是面對她可能離開，或者她的反應與我的需求不同時，我就無法再扭曲下去了，心中那些原始的訊息與設定就開始浮現。

我們心裡的腳本會有哪些設定呢？有以下三個基本要素：**「應該」訊息、內建程式、禁止訊息**。

「應該」訊息

從小到大，從父母、老師、長輩，到這個社會，都賦予我們一些任務，例如「要乖」、「要努力」、「要有禮貌」等。這些腳本讓我們可以在社會上生活，像是每天維持上學、上班的規律，不會當眾挖鼻孔等。很少有人懷疑為什麼要做這些事，這些應該訊息可以說是一個人的基本設定。

只是，有些人的應該訊息是被以負面方式寫進去的，像是在我內心的設定裡，就是應該要傑出，才能得到他人的喜愛。這個訊息時常驅動著我，這些訊息又總是帶著點強迫的意味，雖然我希望自己傑出，但被強迫努力的感覺總是不好，所以，即使傑出了，即使被他人喜愛了，我還是有一些怨懟。如果我感受到自己不夠傑出，那就更糟了，這表示他人就不會喜歡我啦！這讓我很焦慮。

根據伯恩提出的溝通分析理論，可以整理出五種「應該」訊息：

- 要完美
- 要堅強
- 要努力去試
- 要討好別人
- 要快一點

提醒你，這些腳本訊息在某些時刻是正確的，只是我們常會將這些訊息無限上綱，讓我們無時無刻被這些訊息束縛著。

內建程式

當我們被內建了應該訊息之後，大人會接著告訴我們，或者我們自己會觀察，要如何才能達成應該訊息。例如我學到要填滿自己的每時每刻，才能算是個認真、努力的學生。

我會有這樣的「學習」，可能來自於我爸覺得我不夠認真，除了他親口跟我說我不夠認真之外……總之我就是覺得，他認為我不夠認真，所以，我要很認真很認真才行。即使已經有很多人說我很認真了，但我就是覺得不夠。

如果認真回想，這些程式的內容是禁不起推敲的，我明知不用這麼認真，我明知不討好人，別人也可能會喜歡我。但在每一個人生的現場，每一個愛情的現場，我仍然會照著內建程式來運行，尤其面對我在意的情境時。

與她的相處也是如此，每當她提及與前男友的相處，我都想著我應該要變得更好，讓她更喜歡，更離不開我。如果她最後依然選擇離開我，一定是因為我不夠好，才無法留下她。到最後，除了氣她之外，更氣自己，為什麼我這麼不好？

我到底還能怎麼做，才能變得更好？

如同詹姆斯．萊恩．艾倫所說，逆境才會揭發原本的性格。我遇到感情難關時，反而沒辦法思考原先的所做所為是否正確。這一點都不奇怪，舉個例子，你就可以理解了。

我的工作時常需要往返高雄、台南，通常是走國道一號，經過台南市區，路上某一段特別壅塞，我常因此遲到。雖然想找替代路線，但在時間緊迫，加上對路況不熟悉的情況下，我很難嘗試新的路線。萬一新路線塞更久怎麼辦？不如走原路吧。雖然還是會遲到，至少有一部分是我可以掌控的。

你看，在情況緊急時，我們會先搜尋腦中最熟悉的解法，也會展現出性格中最熟悉的自己。

禁止訊息

既然我們被內建了「應該」要做什麼的訊息，當然也被內建了「不准」做什麼的訊息。當人違反了禁止訊息，就很像做了壞事，會有緊張，甚至恐懼的感覺。一旦行為被恐懼驅動，做起來就更不情願了，輕者流於口語抱怨，重者則出現反擊行為。

學者整理出了數種禁止訊息，比較常見的有下列幾種：

- 不准做你自己
- 不准像個小孩子
- 不准重要
- 不准親近
- 不准有感覺

當我們還是孩子的時候，有一個很重要的任務，就是在我們的需求與父母的要求之間，取得平衡。這個平衡需要經過討論與磨合，有時候父母讓一點，有時候孩子讓一點，找到彼此都能接受的相處方式。

愛情也是這樣，兩個人要一起討論，有時你讓一點，有時我讓一點，重要的是，要知道彼此的感受與需求。

很可惜的是，在某些人的成長經驗中，並沒有這樣的溝通過程。可能是父母沒有足夠時間來跟我們協調，甚至父母自己還是小孩的時候，他們的意見也沒有被重視與討論過，當然不知道如何跟我們「討論」，或者，他們以為的「討論」，其實就是「下指令」。

我與大學生晤談的經驗裡，當我問學生「有什麼想法？」時，有一部分人回答不出來，甚至會問我：「老師，一般來說，學生要有什麼想法，才是正常的？」天啊！我想知道你原本的想法，是在「問」你，不是在「教」你呀！

那麼，這些人真的都這麼乖，都沒有想法，乖乖聽大人的嗎？大多數時間是，或者表面上是。實際上，這些人真正的想法都被壓抑下來了，平常沒事還能維持聽話的樣子，一旦遇到挫折，或解禁了，往往會有很大的反撲。

我對她的反撲其實也很大，大到足以破壞我對她的愛，以及她對我的愛。只是當時的我並不知道我在反撲，仍然以愛之名，表達我在這些禁止訊息之下所隱藏的種種不滿與攻擊性。

有一次爭吵，她說：「這不是我認識的你。」

我說：「我會做這些，是因為我愛你。」

她回答：「那我不要這樣的愛，這樣的愛是有破壞性的。」

不被了解的負向腳本

每每提到腳本訊息，我都不免會想，為什麼我的心裡會被寫上這樣的公式，讓我的愛情一路跌跌撞撞？到底是誰害的？是爸媽？老師？這個社會？

其實，這只是反應了我們過去的生活方式，以及提醒我們無法再沿用這個生活方式，提醒我們該去關注那些一直被忽略的需求，一直被忽略的自我。

我也曾經想過，她的生命腳本是什麼？在這段感情裡，她完全是對的嗎？她不用負任何責任嗎？

身為心理師，我開始了解，用負向腳本與他人互動時，他人必須要有足夠的心理彈性，才能承接這一切，做出適當的反應來「療癒」這個腳本，而心理師就是扮演了彈性承接的角色。很顯然的，我無法在這段關係中，要求她回應、滿足我些什麼，我相信她已經做到她當時能做的了，如同我相信在一開始，我們都是彼此相愛的。

在這段關係裡，面對分離的危機，誘發了我的生命腳本，也引出了我遇到挫折時所產生的攻擊性。我猜，她也可能重複著自己的腳本訊息。不必認為有負面的腳本訊息就是不健康，畢竟沒有人是完全健康的。

如果可以重來，我會選擇試著把我內心那些糾結的感受讓她知道。畢竟在腳本中，我充滿著無助，還有不被了解的憤怒，以及渴望在愛情裡被她肯定、被她需要的感受，這些情緒多到我自己都處理不好，更別說去承接她面對未來挑戰的焦慮了。我猜想，她也有能不能維持愛情的焦慮，只是當時我以為自己做得很好，以為只有自己在努力維繫這段感情，而她都在追尋她的美國夢。

嗯，一切都是照著腳本的訊息走，到最後，我不被需要，也不被肯定，更不能說出自己的需求了。

做自己的心理師

解鎖自己的腳本訊息

想想看，如果你的人生是一部電影，你是主角，你會怎麼描述這部電影呢？是喜劇？悲劇？冒險故事？你會怎麼描述主角的性格，還有主角遇到的每個人、每件事，以及主角怎麼克服在劇中遇到的困難呢？

這些，就是你的腳本。

請你再繼續想，從小父母跟你說過可以做什麼、不可以做什麼，當你開心或生氣的時候，他們是怎麼回應你的？你是否從中學到了如何表達情緒的方法？

例如，我小時候，父母就告訴我要傑出，但是他們對於傑出的要求又很高，所以我的感受是，我努力了老半天，還是不夠傑出。

在愛情裡，不也常常會有同樣的感受嗎？我努力了老半天，你還不是要出國。

孩子，其實你已經做得很好了，她也很愛你，試著給自己一個微笑吧！認真回顧自己所做的努力，在心裡拍拍自己，給自己一個擁抱，才能真的解鎖腳本訊息。

21 走出失敗的自己

我們都是用舊的人生在過新的日子，用每一個回想得起、並且還珍藏的記憶飽滿你的下一個期待。

——陳綺貞

最近聽到歌手歐陽靖的一首中文饒舌歌曲，有句歌詞提到：「其實這世界上沒有 loser，只有還沒找到自己的 winner」，讓我感到非常震撼。

我必須澄清，我無意把這本書寫成心靈雞湯，讓你讀完的那一刻倍感溫暖，覺得人生充滿希望。結果明天太陽升起，繼續痛苦，什麼都沒有改變。

失戀真的是令人難過的事、是一個危機，我無法否認。

失戀真的讓我很痛苦，椎心刺骨，我無法否認。

失戀的確是來自於我搞砸了某件事，我無法否認。

但是，這並不是失敗。

或者說，世界上沒有失敗

那如何解釋我的痛苦呢？只能說，事情不照我所想的方式走，任何不符合預期、理想的事，都是我們自認為的失敗。

對，是「自認」的失敗，不然失敗的事可多了，隨便都能找出一堆：我不會釣魚、不會打籃球、不會彈鋼琴……舉目望去，我不會的，可比我會的要多出幾千幾百倍。

為什麼我們不痛苦？因為我們對這些事無感。

我重視愛情，希望得到愛情，表示我對愛情有感。

失戀帶來的痛苦，並不僅止於「失去」。不知道你有沒有親人過世的經驗，如果沒有，反正未來的某一天一定會有，對吧？親人過世是每個人在生命中一定會遇到，而且可能不只一次的經歷（如果你活得夠久）。那為什麼比較少聽到有誰親人過世之後，久久都走不出來，卻常聽說失戀的人還困在某一段愛情裡？

因為困住我們的，從來都不是失去的那個人，而是我們自己。

事情總會過去，但你學到了嗎？

很久很久之後的某一天，我夢見她。

夢中，她走向我，輕聲跟我說：「好久不見，你過得好嗎？」

我回答：「馬馬虎虎啦……那你呢？」

她說：「還不錯……我結婚了，現在有一個小孩。」

我回答：「是喔……（心中的OS是，我知道啊，我都有在看你的臉書）。」

沉默了一會兒之後，我告訴她：「對不起，以前我做錯了一些事，我沒有對你很好。」

她回答：「你不要這麼想，你沒有不好，你很愛我，你那時候對我很好。」

我永遠都記得，我眼角帶著淚光醒來，從此之後，我就放過自己了。

我知道這不是託夢，也不是心電感應。這些話不是她對我說的，是我對自己說的，我終於不再覺得自己不好了。這個夢發生在最近，也就是我與她分手的將近十年後，在我又經歷了幾次的戀愛與分手之後，我終於不再覺得自己不好了。

而我做了些什麼呢？

在這些年裡，我練習去處理與消化「自卑」。我必須承認，在後來我所談的感情裡，我依然在自卑、自戀、自我實現預言當中轉換著。失戀後，我還是可以回到正常生活，還是可以遇見下一個人，開始下一段感情，但我的成長還是有限。

事情總會過去，在感情中因受傷而終生走不出來的人畢竟相對少數，就像如果高中某個科目不及格，在難過之餘，終究會過去，你終究會畢業，會繼續求學，讀到大學、研究所……，你的人生不會因為某一科不及格而停止運轉，但是，這個科目你真的學會了嗎？

這個問題只有你自己知道。

有人的學歷證書只是一張紙，同樣的，有人的愛情證書也只是一張紙。

先前歌手陳綺貞與交往十八年的男友分手，她在ＩＧ發布分手的消息，最後留下一句話：「懂得愛人，成為大人」。

正在看這本書的你，不管你談過多少次戀愛，你真的成為大人了嗎？我們真的能夠像大人一樣的愛著嗎？

變老是人生的必修課，變成熟則是選修課。隨著年紀增長，我們又多談了幾場戀愛，然後呢？

如果沒有她，讓我經歷這麼多的自我懷疑，這麼多的得不到，我根本沒有機會跟勇氣，去檢視自己的生命腳本。如果沒有她，我可能還是一個空有一身心理治療知識與技術，卻永遠活在腳本中的人。披上白袍時，是一個理智的心理師，回到生活中，就是個抬不起頭的傢伙。

在這個過程中，我不知不覺受到腳本訊息的影響，搞砸了一些事情，還一度在心裡把所有責任全推給她，或把全部的責任推給自己。還好我沒有逃開，還好我認真體驗了我的感受，認真思考了這段愛情以及我的人生，才能有新的體悟，新的感受。

走出過去，接受真實的自己

不知誰說，當我們因為無知而感受到痛苦，就是求知的開始了。要求什麼「知」呢？最先要求的，是要知己。當你能夠真的認識自己，才能真正達到心靈的自由。很有趣吧？如果連自己都了解不來，更不用談了解對方，以及互相溝通了。

這個求知的過程，我們不一定能夠變得更好，而是可以逐步發現真實的自己。什麼？我們不是一直都想要變好嗎？「要變好」本身不就是腳本設定的嗎？沒錯，我們當然可以變好，但如果連真正的目的都不知道，一開頭就想要變好，或看著別人的好，就想跟他們一樣，就像到健身房訓練，看到健美先生做什麼器材、設定多少重量，想也不想就跟著他們一起做，還沒變好，你就先受傷了。

這是面對人生或愛情的盲點。大家都不想輸，不管是在起跑點還是在哪裡，但是卻沒有想過，我們準備好要跑了嗎？身體狀況好嗎？裝備夠嗎？或者，我適合跑步嗎？

甚至，到最後，人生根本就不是跑步比賽，而是大家一起行進的旅行。如果你有旅行經驗，你會知道，很多人去的景點，你不一定會喜歡（請注意，我並沒有說「好不好玩」，因為好玩這件事本身就很主觀），你也不一定要跟著去擠人很多的地方。重點是，你在這段旅程裡到底開不開心？

我在陳綺貞的著作《不在他方》裡讀過一段文字：

我想人們並不是真的覺得自己平庸，而是覺得，比起其他人，自己沒那麼漂亮，沒那麼有地位，或是沒那麼吃得開而已。「平凡」很無辜的被拿來頂替，頂替一種世間常有的，必須經由比較才能收納與理解的價值觀，頂替過度比較後的無力感。

只要你開心，你的旅伴開心，這段旅程就有意義。

說到旅伴，從小到大，父母、朋友、老師、情人、子女……都是我們的旅伴。小時候，我們跟著父母的腳步去玩，父母告訴我們什麼地方好玩，但我們也有權利表達自己的意見，所以，很少有旅伴會陪著我們一輩子，或者，在同一趟旅程裡，我們跟旅伴也不會總是走在一起。但是，只要你了解自己對於旅程的想法，就不怕找不到志同道合的旅伴。

不去發現真實的自己，很像報名旅行團，就要碰運氣了。因為旅行團的安排你不一定會喜歡，而且總是要跟大家一起行動，在旅程中就很容易受到負面情緒的影響了。

談到這裡，我想重新談談這一章的標題。與其說走出失敗的自己，倒不如說走出過去的自己，以及接受真實的自己。

曾經有人問我：「心理師，請問要怎麼對自己誠實？」我覺得很奇怪，說謊的人明明是心裡知道真相，要欺騙另外一個不知道真相的人。而自己對自己說謊，不就是一個知道真相的人，要假裝自己不知道，然後被騙嗎？

當我回顧完自己的腳本，我發現在自卑之下，我被設定了許多人生應該要如何如何的橋段。有些或許超出我目前的能力，我不得不扭曲自己，以維持自己心裡的完整性，當我發現並接受自己的腳本，我才能真的去改變自己。

我不知道自己能不能變好，但是在變好之前，我必須好好把自己接住。不管我是美麗還是醜陋，這個世界上，只有我有這個權利與義務，要愛著自己。

照照鏡子吧！

當你回顧完生命腳本，是否發現了很多自己不應該，或是自己做錯的地方呢？

請你先放下對錯，因為這些都是你。

在心理治療中，心理師有一個很重要的角色，就是**不帶評價的去反應你真實的樣子**。也就是，**當個案的鏡子**。

鏡子不會說話，鏡子也沒有評分系統，所有分數都是照鏡子的人自己打的。我知道打分數已經是大多數人的習慣，但當你照鏡子時，請先看看真實的自己，學著不要別過頭去、不要對鏡子裡的自己皺眉、不要責罵或挑剔鏡子裡的自己。

這都是我們最真實的樣子。

我開始練習，對過去做的傻事釋懷。或許可以用相對成熟的大人角色，來看待過去那個犯傻的我，以及那些不成熟、失心瘋、因為自卑而扭扭捏捏的時刻。

我不期待回到過去，因為就算回到過去，以當時的心智狀況，我可能也會犯同樣的錯。隨著日子過去，我不知不覺的累積了成長，我沒有資格嘲笑與批評過去的自己，只能體會與諒解。

我原諒了自己，也原諒了她。

Part 4

每一天，都是度過失戀的練習

22 別傻了，根本沒有「好起來」這回事

存活下來的並不是最聰明的物種，也不是最強大的物種，而是身處多變環境中最能應變與適應的物種。

——里昂．麥金森（Leon Megginson，路易斯安納州立大學教授）

失戀那陣子，我對「刻骨銘心」這個成語特別有感觸。總覺得愛情就像一根釘在牆上的釘子，釘得愈用力，就愈難拔出來，就算拔出來了，牆上也有個洞。科學還沒辦法消除記憶，我們一輩子都會受到這段感情影響。

如果你覺得傷痛會隨著時間過去而慢慢消失，是你把「復原」想得太簡單。時間有用的話，那還要醫生做什麼？任何病放著就會自己變好啦！

跟外傷一樣，愛情的傷也分輕重。小傷靠著身體的修復能力自癒，大傷則需

要靠藥物，甚至手術來幫忙，手術後是否能回到原本的能力，也未可知。

即使是需要動手術或住院的傷痛、疾病，醫師也不會讓你在醫院住到完全康復，才安排你出院。大概復原的進度落在可控制、可居家照護的階段，就可以回家休養，甚至上班了。

況且，失戀之後，根本不需要「完全好起來」，才回復正常生活。我們正走在復原的路上，每一天，都必須為復原負起責任，如此，我們才會知道自己是怎麼好起來的。

事實上，根本沒有「完全好起來」這回事。失戀之後，我們已經不是原來的自己了。希臘哲學家赫拉克利特說：「一個人不可能渡同一條河兩次，因為人已經不是原來的那個人，河也不是原來的那條河。」我們的下一刻都有可能跟上一刻不同。遺憾的是，雖然不同，但不一定是變成熟了，也有可能是變蠢了。

所以，我們有義務把自己引導到成長的方向。就像受傷之後，除了被動接受手術、住院，也要主動服藥、遵從醫囑、參與復健。甚至可以說沒有什麼事情是被動的，即使是吞下一顆藥物、即使是傷口自身的復原，在我們看不到的地方，都涉及了十分複雜的過程，有數以千萬計的參與者一起努力。如果說不健康的愛情是一種病，真正致病、殺死我們的，都是那些微小但巨大的病原體，我們也要把那些讓我們康復的，微小但巨大的復原因子一個個找出來。

沒有終點，持續進步就是了

過去的心理治療會用「機械觀」來看待人的心理，人的心理狀態就像一部機器，有什麼零件壞掉了，就會讓我們過得不好，我們必須修正、更新這些零件，修理完了，我們就「好了」。所以有一些心理治療的理論，是要找出個案的「非理性信念」，要治療師帶著個案去質疑、修正這些信念，回復正常的功能。

在我自己復原的經驗裡，發現這是一段且戰且走的過程，每天，我都跟自己妥協、跟未來妥協。失戀初期，我根本不知道該怎麼度過這一晚、怎麼面對明天的心情，有時候覺得自己好了、充滿希望，沒多久，又不行了。

這種感覺很像籃球生手在練習投籃，初期怎麼投都不順，偶爾手感比較順，轉瞬間手感又消失了。就算真的成了籃球高手，你看看NBA的比賽，大牌球星不也會有失常？只是比較少而已。

是的，即使是在我覺得已經完全從失戀中走出來的今天，偶爾遇到比較大的挫折或壓力，也會再想起這段感情，心情有些波動。

我真的「完全」好了嗎？我覺得沒有，但是我認為復原的程度已經夠了。直到現在的每一天，我還是持續的復原，或許隨著年紀的增長、經驗的累積，我會有更多體悟，這也很好。

我始終沒有一個完美的、讓自己完全擺脫過去、達到完全心理健康的方法，只求在當下可以達到平靜，或讓悲傷的影響不要太大。這不是痊癒的過程，而是進步的過程。人類的進步就是這樣，沒有終點，未來會進步成什麼樣子，沒人知道，也不需要知道，反正持續進步就是了。

這一點，我在閱讀與理解「演化論」時特別有體會。演化論說的不是強者生存，而是適者生存。演化的目的就是修正基因，到可以適應環境。我在一些談演化論的書籍跟節目裡知道一件事，人類從四肢著地爬行演化到直立行走，好處是視野變開闊了，而且空出雙手進行活動；壞處是會增加身體臟器負擔，因為臟器從原本的平行排列，變成了垂直排列，像是胃，就增加了胃下垂的風險。或者，人類演化出聰明的大腦，但是大腦卻要消耗很多能量，而且需要時間成長，這讓人類嬰兒相較於其他物種顯得脆弱、需要照顧。

沒有任何的演化是完全沒有缺點的，都是追求利大於弊的妥協。

生活上所做的決定也是如此，每一個選擇都有各自的優點與風險，選擇了一個，可能得放棄另外一個。與演化不同的是，我們可以選擇演化的方向，可以透過衡量利弊來行動。

很痛苦，但還是要練習

在接受失戀真的發生之後，我費了好大一番功夫說服自己，才斬斷與她的所有聯繫，包括接收她的任何資訊，例如社交媒體的動態等等。這對我來說真的非常不容易。

當我日後面對失戀的個案，並給予這樣的建議，我發現很少人做得到。一開始我對此有點失望與生氣，甚至有些恨鐵不成鋼。後來，我深刻檢討，並詢問自己：「為什麼每個人復原的過程都要跟我一樣？」我做得到，別人不一定做得到。這並不代表我比較強，或他比較不勇敢，只是「我們不同」，如此而已。

我不太喜歡讀那種號稱幾天就可以學會什麼技能的書籍，畢竟每個人的狀態都不同，每天進步的幅度也不一樣，有些人甚至　開始的時候不進反退呢！但這也只是說明每個人有不同的進步軌跡，如此而已。

在一切開始之前，請你跟自己達成一個「我要慢慢康復」的承諾。這是非常認真的承諾，請你認真想一想，是否願意去做。因為有些人所謂的「康復」、「做更好的自己」，只是為了包裝「我想把對方再追回來」，很像有人會以「分手後還能做朋友」之類的話來延長戰線。是的，世間事誰也說不準，的確真的有可能復合，但自身的弱點解決了嗎？原本相處的問題解決了嗎？不管復合與否，這樣的心態只是讓痛苦繼續延長。

你相信嗎？對於大多數的心理疾患來說，只要做到「了解」跟「改變」。說到這裡，或許你會在心中嗤之以鼻：「改變，哪有這麼容易？」

當個案在治療室說出這句話的時候，我心中總是有很強烈的疑問：「你花這麼多錢、這麼多時間，來聽取我專業的建議，然後告訴我『這不容易，我做不到』，那你希望我回答什麼？宣告你沒救了？從我口中說出你沒救了，你會感到比較開心嗎？」

後來，我發現，大多數人想要康復，但不想度過康復的過程，因為太痛、太辛苦了。多數人希望從我這裡聽到醍醐灌頂的真知灼見，或一擊必殺的問題解法。如果我說：「還是得回家繼續練習」，他們會回答：「是要練習什麼？」

沒什麼特別的，照平常過生活，有情緒、有痛苦，別逃避，這樣就好。

「我要慢慢康復」，是一個我要慢慢往前走的承諾，這是很認真的承諾，而不是一個「回到原點、給我原本缺乏的，我就不再痛苦」的假象。要康復勢必得面對痛苦、消化痛苦，否則，一切都是逃避，用忙碌逃避、用趕快進入下一段感情逃避、用心理安慰逃避，甚至有些人用傷害自己或對方來逃避。

如果你光想就覺得很難，那也沒關係，請你不要欺騙自己，因為你暫時還沒有力氣，或者也還不想好起來。這沒有好壞，只是一個狀態，不是每個人想到要改變，下一秒就能馬上改變，總是需要思考與醞釀期。

重點是，這是跟自己的對話，行就行，不行就不行，不要欺騙自己。其實改變並不難，只要開始往前走，不管走的方向正不正確，往前走就是了，有動作才有辦法調整。

任何改變，都比維持現狀要來的強。

做自己的心理師

認賠殺出

你相信嗎？在我的治療室裡，有些人，**根本不想好起來**。這些人有可能會很規律的來談，不會遲到，晤談當中也表現得積極主動，但是，進步卻非常非常有限。

或許我該這樣說，並不是他們不想好起來，而是他們對於好起來的定義，跟我不同。他們所謂的好起來，就是期待問題消失、別人改變，自己就可以跟著快樂了。

但是，我對於好起來的定義是：**在現有的基礎之下，努力追求更好的心理狀態，包括減少痛苦、增加快樂**。

請注意，是在現有的基礎之下。快樂之所以難，是因為現狀本來就很難改變。我失戀了、她走了、不會再回來了，這個很難改變。當你問我「要怎麼接受」，其實你還不想接受。

了解現狀，才能規劃下一步，不然做再多規劃，都是枉然。就很像現在都民國一百零九年了，你還在規劃反攻大陸一樣。

醒醒吧，你失戀了。

23 你有沒有「一萬個小時」的失戀思考？

有些人能感受雨，而其他人則只是被淋濕。

——巴布・狄倫

或許你聽過，要學習一項能力，最好經過一萬小時的練習。

對於學習來說，一項能力並不只是「熟練」，而是要發展出「後設認知」。後設認知（Meta-Cognition）是心理學概念，意思是「對於認知的認知」，就像一個監控系統，用來理解、操控、分配每一個認知。

這並不是很新穎或外來的觀念與能力，在《論語》裡，孔子就說過「知之為知之，不知為不知，是知也」。

只可惜，在過去的教育裡，大家都被教導先把答案記憶起來，卻很少把知識真的弄懂。

請你回想過去的學習經驗，考試考完了，有幾人會真的好好訂正考卷，了解自己什麼地方還沒學會？訂正考卷彷彿只是一項作業，抄完就沒事了。很多人就重複著這個循環，考前抱佛腳，考差哭一哭，下次考試繼續抱佛腳。

帶著痛苦往前進

失戀之後，仔細思考，這段時間到底發生了什麼事，以及去體驗失戀之後會出現的情緒。雖然這樣做不會讓你從此變成很有智慧的人，但足可以幫助你更了解真實的自己。我們不一定是很好的人，但每個人都應該要知道真實的自己到底長什麼樣子。好好度過失戀，之後的愛情不會從此一帆風順，也有可能再度失戀，但至少可以知道自己在做什麼。

這時候，一萬小時的思考練習就很重要了。

但請注意，這不是當兵，每天數饅頭，時間一到就自動登出國軍。我們很常用時間來要求自己，別人花了多久時間，達到了什麼改變，彷彿我們也要照進度。度過失戀並不單純是時間的累積，而是每時每刻的刻意練習與自我覺察。

一萬小時是概念，是指一段不算短的時間，且不是一蹴可幾。我常跟個案開玩笑：我們每週一次、每次一小時、為期半年的心理治療，總共也才二十四小時。如果可以，我們就緊湊些，一天談八小時，三天不就達到半年的效果了？如果你也覺得很好笑，我們就回來繼續練習。在開始之前，必須要有心理準備，進步的效果不一定是線性的，有些人是階梯狀的，有些人在過程中如果很衰的又受到其他挫折，有可能會變糟。

基本上，進步的幅度有幾種形式，請見下頁圖。

當你準備好進入一萬小時的思考，需要先培養一個很重要的能力：**忍痛**。不需要任何理由，這是最基本的能力，如果你的痛苦沒有十分巨大，必須練習帶著痛苦一直往前進。

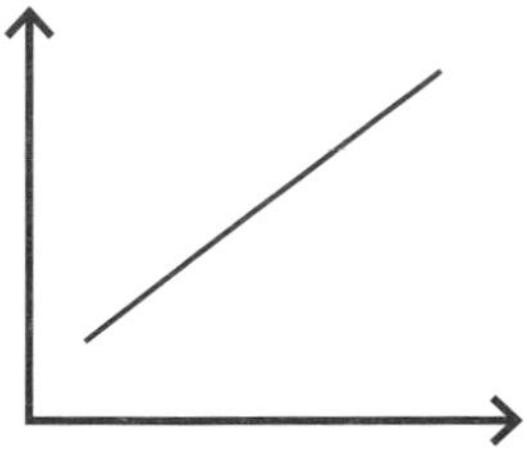

每天都有進步的向上斜直線，**完全不可能！**
不然你減肥時，有固定一天瘦一公斤嗎？如果是，六十天後你就快要消失囉！

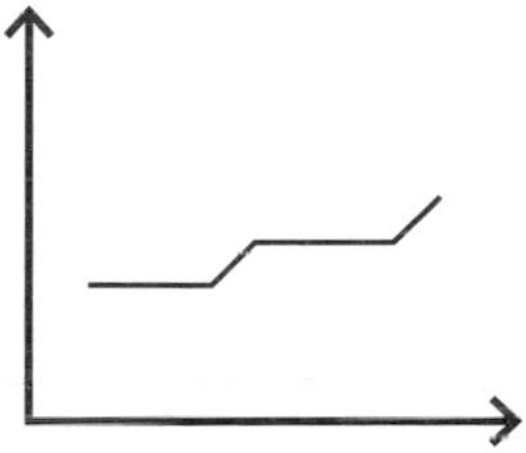

比較合理的情況是階梯式的進步，但對很多人來說，很難度過這一段沒有進步的時刻。
如同減肥的停滯期，想想看，運動累得滿頭大汗、規律控制飲食，體重卻文風不動，這樣的日子你能撐多久？

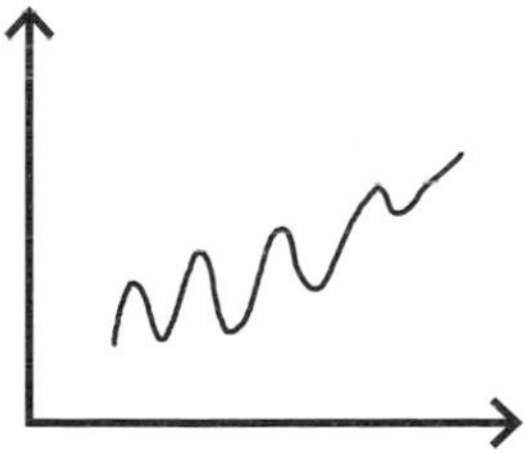

如果你的生活有其他壓力，狀況很有可能起起伏伏，此時的目標只要能夠有進步，或者長期來看有進步，就是好現象了。

忍痛，慢慢進階

好吧，如果真要一個理由，就是愛人離開了，但你的人生還在繼續。不用說什麼地球不會為了誰停止轉動，反正哪天地球真的不動了，我們也感覺不到。你只需要知道，失戀了，學校還是要上課、公司還是要上班、老闆依然會罵人、信用卡帳單不繳會被討債，這樣就夠了。

如果你是不常運動的人，剛開始做運動，一定會有一種「快要死掉」的感覺。的確，身體會發出一些訊號，告訴你正在消耗體力，感覺不舒服，甚至重量訓練會輕微破壞肌纖維，在修復過程中，讓肌肉變大。這時我們要做的，就是「承受基本的不舒服與痛苦，且不要逃開」。

「殺不死我的，會讓我更強大」，不是一句心靈雞湯，而是成長過程中的訓練守則。做重量訓練時，透過破壞肌纖維來達到讓肌肉強壯，但如果重量太重，或時間太長，很可能會造成重大傷害，例如橫紋肌溶解。

所以，忍痛的重點是，在生活中維持殺不死我們的痛苦，慢慢進階。這真的是最基本，且無解的問題了。如果不忍痛，我們根本沒有辦法談失戀調適。

萬一，真的快被失戀的痛殺死了，該怎麼辦？如果你真的認為自己受不了，對人生失去了期待，完全沒有動力，甚至想結束生命，請你放下這本書，**趕快尋求專業協助**，因為這個狀況已經不是訓練，你已經快要被殺死了。這時，讓自己活下來最重要，什麼人生啊、思考啊、成長啊，等你活下來再說。

命沒了，就什麼都沒了。但如果你還可以活下去，就來訓練。不管訓練強度有多少，開始訓練就是了。如果你還能夠上班，能夠生活，能夠透過各種方式買到這本書、打開這本書，閱讀到這個部分，我覺得你還可以持續訓練。

設立停損點

失戀後的我，雖然過得很糟，好在我的大腦還有空間可以思考。相信我，你也會有的。我告訴自己，在任何狀況下都要努力維持「基本功能」。我很痛，我很想哭，在醫院時還偷偷躲到廁所哭了好幾次，但我還是要上班，還是要學習，即使做得很糟、即使出錯，我都要努力維持不讓自己崩盤。

一切的崩盤都是自己選擇表達情緒的方式。有時候，營造自己在受苦的假象，會給自己一些安慰，藉著讓自己過得很慘，似乎可以彌補某些過錯，或者，偷偷想像一下，如果對方知道自己過得很慘，會不會也升起一絲憐憫、一絲自責，或者一絲想挽回的可能呢？

跟你說，都不可能。一旦崩盤，只會讓自己愈過愈糟，最後連生活都賠進去。請開始練習忍痛。這不會是訓練的全部，但這會是貫穿這一萬小時的基本功，練著練著，我們對於痛的感受會慢慢習慣，表示我們正在成長。

如果你出現「忍痛跟壓抑有什麼不一樣？」的疑問，表示你對於情緒可能還處在二分法的思維下，也就是，你的情緒量尺只有0分跟100分，要麼就一聲不吭、要麼就狂風暴雨。

但是人的情緒是很細緻的，至少從0到100分之間，可以分成兩格、十格……，表現出較低程度的情緒（例如20分）或忍受較低程度的情緒，是大多數人可以接受，也都做得到的。

在那段時間裡，有好多事情都會讓我想到她，只要跟她有關，哪怕是只有一點點關聯，都會勾起我對她的想念，勾起我失去她的難過。然而，我要努力的，是幫這個難過設立一個停損點。

這真的非常煎熬，並不是停止想她，我知道我無法停止想她，但我必須盡可能的控制自己，在想她的時候，不要停下腳步，在想她的時候，仍然記得自己是一個學生、一個心理師。回到家裡，我才賦予自己這個權力，可以無止境的想她，因為那時候，我只是我自己。

別騙人了！我們自以為無法度過的情緒風暴，絕大部分都是自己縱容的。嘴巴說沉浸在失戀的狀態裡不好，卻不想做些實際行動走出來，一談到要復原，就又扭扭捏捏，是要給誰看？

的確，我們無法控制百分之百的情緒，但也不至於完全無法控制。如果你已承諾自己要慢慢康復，你以為躺著就可以達成？或把這本書看十遍就可以達成？

看完這本書，闔上它，繼續你的生活吧！

十年磨一劍

希望你不會被一萬小時或十年這幾個時間維度嚇到。對我來說，失戀這件事，我也走了十年。不過你放心，真正的情緒風暴維持不了太久，有些研究指出，平均半年左右，情緒就回穩了。

但是我們自己呢？穩了嗎？如果你有比較多戀愛經驗，或許會在某段戀愛裡，找到前幾段戀愛的影子，甚至在人際中，也會有類似的感覺。

在治療室中，我發現很多人都用同一種方式來面對生活。如果我在愛情中傾向逃避，那在親子關係、人際關係，或者是工作領域上，可能也都傾向逃避。所以，與其說我花了十年走出失戀，倒不如說我花了十年來面對自己的人生。

這十年間，我要練習覺察的不只是愛情，而是整個生活。在愛情失敗的人，在生活中也一定有某些部分是失敗的（這裡的失敗請不要用世俗的標準，例如學歷、收入來衡量）。認真過每 天，在下一段愛情來臨時，也才可以認真、好好的去面對。

請你在這一萬小時裡，幫自己設定傷心難過或思考的時間。失戀的痛苦無時無刻都可能出現，但我們還是要穩固原本的生活。

舉個開心的例子，如果你跟朋友約好了週末要去烤肉，關於烤肉的想法可能圍繞你上班或上課的時間，但你還是必須盡量控制這些想法，安排適當的時刻，例如午休或下班時間，再來處理跟烤肉相關的事情。

關於失戀的想法，一樣可以安排在固定時間來思考，同樣的，關於自我覺察、計畫更有意義的生活，也是需要花費時間的喔！

其實，我們根本就不是在度過失戀，而是要把生活真正活出來呀！

24 接受過去的自己

我曾經七次鄙視自己的靈魂：

第一次，當它本可進取時，卻故作謙卑；

第二次，當它在空虛時，用愛慾來填充；

第三次，在困難和容易之間，它選擇了容易；

第四次，它犯了錯，卻藉由別人也會犯錯來寬慰自己；

第五次，它自由軟弱，卻把它認為是生命的堅韌；

第六次，當它鄙夷一張醜惡的嘴臉時，卻不知那正是自己面具中的一副；

第七次，它側身於生活的汙泥中，雖不甘心，卻又畏首畏尾。

——紀伯倫

我想談談我在康復當中的過程。

我必須再次提醒你，忍痛是基本能力，就像要進廚房就不要怕熱一樣。忍痛之後，還有很多事要做。

首先就是：**發現真實的自己**。

我就像在紀伯倫這首詩裡所想的，前六句都是裝模作樣，看不到自己的軟弱、看不到自己的醜陋、用面具來假裝。

有一陣子，我因為工作忙碌、缺乏運動，體重直線飆升。某天在咖啡館寫稿的時候，不知怎麼的，愈寫心情愈差，對自己的不滿意從電腦上的文字，瀰漫到身上的一切。

「我太胖了」，我對自己說。無意間，我抬頭看到玻璃窗外，對街有間中醫減肥診所，我竟馬上收起電腦，邁步走進去，然後一下子買了幾十次的療程。

中醫師詳細跟我解釋治療的原理，除了常見的藥物與埋線治療外，其中有大部分是我要配合的，例如：減少食量、避免不健康的地雷食物、每天喝足夠的水、作息規律、每週至少運動兩次。醫師說，如果要瘦身的成果明顯、持續，以上這些事非常重要。

走出診所之後，我的心情稍稍平復，突然冒出一個想法：要是我照著他的方法做，不是本來就會瘦嗎？我就是作息不正常、壓力大就亂吃、缺少運動，才會變成現在這副臃腫的樣子啊！而且我走進診所的初衷，不就是追求躺著也會瘦的方法嗎？怎麼難題又回到我身上了？

失戀就像減肥

在臨床上，我也遇到了相同的問題，個案時常會問「蛤？不是跟你講完話之後，心情就會變好喔？」其實這個想法跟減肥一樣，我期待用吃藥、埋線讓體重下降，如果效果不好，甚至考慮去抽脂。

然後呢？我可以預見，我就維持同樣的生活方式，甚至變本加厲（反正抽脂就會瘦嘛），繼續重複著肥胖－抽脂－肥胖的循環。

我繼續想到，當我在咖啡館，看到中醫診所招牌的那一刻，我是真的想變瘦、變健康嗎？不是，**我只是想擺脫這個討厭的情緒而已**。

你說這跟失戀有什麼關係？我在臨床上常遇到，甚至是我自己的經驗，聽完個案多次戀愛與失戀經過之後，常常可以歸納出一套劇本，只是換了演員而已。例如有些人常遇到渣男、有些人常被當工具人、有些人常莫名其妙當了人家的小三或小王、有些人總以爭吵或暴力結束感情。

當我們要減肥的時候，有沒有認真停下來想一想，我為什麼會這麼胖？我相信很多人沒有辦法認真想完，或者是每想出一個原因，就會馬上找一個配套的藉口，例如：我沒有時間運動（我工作太忙了嘛）、飲食不健康（餐餐外食是要叫我怎麼健康），最後你就會跟我一樣，追求躺著也會瘦的減肥法，然後重複肥胖。

如同失戀時，只要想到關於過去戀情的種種，大多數人不是鑽牛角尖陷入某一個甜蜜或難過的情節，就是馬上別過頭去，利用各種方式讓自己淡忘，或者趕快進入下一段感情來彌補；沒這麼快的，就先尋找一下肉體刺激。

我們要擺脫的，其實是不舒服的狀態，不是真的想要從失戀中走出來。

所以，有一天，我在房間裡，把衣服都脫光，看著鏡子裡那臃腫的自己。這是一段非常難熬的時光，鏡子裡那個胖子，怎麼看怎麼討厭。看著看著，我突然對自己說：「辛苦你了，每天工作到這麼晚、回到家都累癱了，壓力一大就會亂吃些高熱量的東西，讓你把身體搞成這個樣子。」

這段話講完，我開始決定要對這個胖子好一點，要幫他盡量減少一點身體或心理的負擔。這種感覺已經不是先前所談到「我要瘦一點，才會喜歡自己」，而是慢慢轉變成「因為我要好好喜歡自己，所以要把自己照顧好」。

失戀就像減肥，滿身甩不掉的肥油讓人討厭，但這些肥油代表的都是我們生活與成長的痕跡。看看鏡子裡那個不喜歡的自己吧！胖歸胖、失戀歸失戀，那都是我啊！

別把自己罵跑了

心理學家羅傑斯認為，心理治療成功的關鍵，就是心理師做到「無條件的正向關懷」，也就是說，不管自己是什麼樣子，自己都可以接受。

我知道，你心中或許冒出很多聲音：「這樣不是縱容嗎？」「這樣胖下去真的可以嗎？」「會不會在這種正向關懷之後，反而讓人失去動力了？」「人啊就是欠罵、要把自己罵醒才對」。

好啊，從失戀之後，你罵自己笨蛋的次數可沒少過吧？你醒了嗎？你康復了嗎？罵著罵著，你還不是把自己罵跑了？

此刻，請你學著溫柔的對待自己。

如果你想逃避，這不是溫柔造成的。不要幫自己找藉口，想逃避的人，用各種方法都會逃避。

這個社會把我們訓練得很好，遇到什麼事情，都會自動升起一個評分機制，快速的判斷優劣。我們就在這樣不斷被打分數，以及不斷幫別人打分數的情況下，喪失了對事物本質的體會。

例如，我為什麼需要愛情？

我後來才發現，除了人類與生俱來對愛的需求之外，我似乎是藉著跟她在一起，彌補自己的自卑。雖說在愛情的沐浴下，人會變得比較有自信，這是肯定的，如同我瘦一點、健壯一點，會更有自信一樣。但是，如果我非得要有愛情，或者非得要身材健美，才會有自信，就是倒因為果了。

伴侶是來豐富我們的生活，不是來填補生命缺口的。看到自己人生的缺口，應該很令人沮喪。請你試著站在鏡子前面，看看這個沮喪的自己，跟自己說說話，溫柔的接住自己。

心理學家武志紅說：「成熟，意味著接受好與壞。」的確，好壞只是拿來分類，並不是拿來評價。我知道自己做得不好，我可以改進，但不意味著就要責備自己、討厭自己。

我很喜歡看NBA球賽，我最喜歡的球員，是金州勇士隊的柯瑞（Stephen Curry）。他有一手三分長射的好手感，曾經投過許多讓人匪夷所思的三分球。但他也有投不進的糟糕表現，每當手感急凍，或因此輸了比賽，記者訪問他時，他大多會說：「我也很不想這樣，但我知道總會有這樣的時刻。我能做的就是繼續投，直到投進為止。」

這就是溫柔的接受自己，當你真正理解自己時，你會知道自己的弱點，就算無法馬上改進，但至少你願意，而且有機會改進。

做自己的心理師

無條件的正向關懷，做自己最好的朋友

親愛的介文，我從來沒有好好的跟你説説話。

這段時間，你一定很累了吧？

我可以感受到你很努力的撐完每一天。你要刻意讓自己充滿元氣，以維持你助人工作者的角色，有時候也會偷懶、軟弱，認為自己沒辦法承受這樣的痛苦。

我知道，在這段感情裡，你的確有做不好的地方；但我也知道，你為什麼會這樣做，在愛情中，還一直受到過去的影響，一定很嘔吧！明明你這麼喜歡她，最後卻敗給了自己。

我只是要你知道，我可以體諒你所做的一切，也包含你一些醜陋的、不堪的一面。我們也不用彼此欺騙，我可以接住你的軟弱，當你有一點點勇氣、想試著往前走，我也會一直陪在你身邊。

不知道聽誰說過，我們是孤身一人來到這個世界，最後也會孤身一人離開，所以我更有義務要當你最好的朋友。我們可以一起承擔被全世界責怪的錯，但是，我們也要一起站起來。

這是我寫給自己的信，如果連我都不能接受自己，還能期待誰來接受我呢？我往前走，是因為我決定，而且我喜歡往前走，不是為了填補什麼、補償什麼。

希望你也是。

25 一切都是「最剛好」的安排

不管你願意或者不願意，該發生的還是會發生。這就是地球人所說的「命運」。

——韓劇「來自星星的你」

我一開始也覺得這是命運，對一切感到非常無力。

培養足夠的後設認知能力後，漸漸清楚這一切的始末。在這之前，我想先強調「彈性」的重要，後設認知不會讓你百分之百的知道自己的想法、完全清楚自己的一言一行，或者，知道了之後，有些也暫時不能改變。但「知道」是很重要的，「知道自己還做不到」，也是很重要的。

重要的是，有了後設認知，我們可以盡可能多掌握一點自己的想法，多了解一點自己的生活。

在這段愛情裡，我與她的相遇，浪漫來說是命運，科學來說是機率。在客運車廂裡，我選擇鼓起勇氣與她交談，然後選擇對她展開追求，選擇與她相戀；然而，在她決定要出國之後，我選擇了展現我性格中自卑的部分，將它轉換成攻擊模式，一點一滴消耗了愛情。

想想為什麼這樣選擇

回想這段過程時，後設認知可以發揮的作用，就是**知道哪些地方是我無法選擇的，哪些地方是我可以選擇的**，還有，**知道為什麼我要做這樣的選擇**。

我無法選擇要不要遇到她，但在遇到她之後，我為什麼選擇去追求一個這麼美麗的女孩呢？明明在我自卑的內心裡，根本覺得配不上她。然後，在我面對她要出國的威脅時，為什麼我又選擇了委曲求全？最後選擇攻擊她？

我總以為自己沒有選擇，一切都是安排好的，但是我的確在可以選擇的地方，做出了選擇。

這一切是不是最好的安排？我不知道。要感激所有發生在自己身上的一切，並真正認為一切都是最好的安排，需要非常高的修為。我甚至認為，多數人遇到挫折或痛苦時，要求自己要感恩、要接受、要認為這些痛苦「都是最好的安排」，只是在喊口號，或用這句話來隔離痛苦，根本不是真心的。

我不知道什麼時候才能做到這一點，比較基本的是，我可以練習發現，自己選擇了些什麼。

在那樣的時空背景下，那樣的我、面對那樣的她，所發生的事情，都是最自然的情節。

說到從失戀中復原，大家都跳過太多步驟了。如果真要放下，就必須先了解，之後才能接受、才能釋懷、才能放下。

在做每個選擇的時候，我們最先考慮到的也是自己，有些看似會傷害他人的舉動，其實都是為了保護自己。我們很少會有傷害陌生人的念頭，又怎麼會想傷害自己愛的人呢？

我開始相信，在愛情裡的傷害，都是自然發生的，我們無法穿越回去修正傷害，但仍有必要從現在開始修正。大家都討厭亡羊補牢，但現實是，亡羊補牢才是生活中真正的場景。如果真的可以預防些什麼，也都是從不斷修補之後才發展出來的。

如果你也想放過自己、放過對方，請先想一想自己做這些事情的原因，聽聽看自己內心真正的聲音。也因為有了先前所練習的接受自己、無條件的正向關懷，我們才可以對自己說實話。

說什麼實話呢？也就是「我為什麼要做這樣的選擇」。

我們總以為人生是無法選擇的，但事實上，我們都不知不覺做出了選擇，或者，我們選擇了沉默，選擇了「不選擇」，讓別人決定我們的人生。

反正我就是……

後設認知再一次登場，我們必須知道「這個選擇對我有什麼好處」。好處大致可以分成兩種：得到自己想要的、逃避自己不想要的。

我們都不是笨蛋，之所以做出表面上看起來沒有好處的選擇，是因為每個人做選擇時的思考脈絡不一樣。例如，我跟同事聚餐，結束後，老闆請大家續攤去唱歌，我要不要一起去？如果一起去，可能的好處有：可以跟大家混熟、可以被招待唱歌、可以放鬆。如果不去，可能是因為我是個不擅社交的人，正好逃避令我尷尬的場面，或者我累了，想趕快回家休息，或者我不喜歡唱歌等。

我也覺得很奇怪，我抱持著某些想法（例如自卑或我不夠好）與某些行動，很顯然給我帶來了一些困擾，為什麼我會一直持續下去？

後來我在心理學家西亞諾契（Joseph V. Ciarrochi）與貝莉（Ann Bailey）提出的「接受與承諾治療」裡，找到了一些解答，以及漸漸發現這些想法的功用，它可以幫助我：

1. 避免困擾

如果我要變得有自信、要延續這段感情，在她出國之後，必須面對更多考驗，這樣好辛苦喔！萬一她在美國被追走了，我這一切不就白費了嗎？我是很想留下這段感情，但不得不承認，留下之後，我會有更多考驗要承受。而當我意識到之後可能要承受的付出以及不穩定，我會在不知不覺中逃避。我在其他地方也聽過類似的概念，有些人是害怕成功的，因為成功要有很多的付出與犧牲，如果我不想要這些犧牲，那故意不要成功就沒事了，一切是那麼的順理成章。

2. **引發同情**

如果我表現負面一點、難過一點，就可以引發大家來關心我，或者盡量多說我的優點，不管是真心還是假意，至少可以獲得多一點關心。甚至，我在大家為我抱不平、責怪她為什麼可以這樣時，我還會說：「大家不要怪她啦，她沒有錯。」儼然一副瓊瑤小說男主角，為愛犧牲的樣子，多偉大啊！

3. **貶抑或羞辱某人**

其實，她選擇自己的理想，是很合理的，而且她沒說要跟我分手，一切都是我腦補所致，不讓自己康復，才有理由罵她。很多人結束感情或婚姻時，也是這樣的想法，我不好過，也不要讓你好過。你看，都是自己在扯自己後腿。

4. **讓生活有意義**

雖然我們一直希望「意義」是一個正向的概念，但你知道意義也有負向的嗎？例如一個生活總是失敗的人，或許「責怪別人、責怪這個世界不公平」，就是他對於自己人生的意義，所以只要發生了不如意的事件，就會很快落入這樣的思考迴圈。

所以，如果我幫自己的人生設定一個負向劇本，那麼「照著這個劇本活下去」，就是我生活的意義，反正我就是爛、反正愛人最後還是會離開，反正我就是不值得被愛！

談到這裡，我必須再次提醒，培養後設認知能力，知道想法的來龍去脈，不是為了責怪自己。如果你的後設認知夠強大，你會發現，**責怪自己也是逃避責任的一種方式**。逃避其實沒有關係，發現它、修正它，也就是了。

命運歸命運，選擇歸選擇

請先覺察，並調整自己「二分法」式的思考，我們的生命並非全部都由自己決定，但也非全部都由命運決定。

努力掌握自己可以選擇的部分，是康復的關鍵。這時候，我們與他人或這個世界，就不是誰掌控誰的關係，而是合作的關係了。

我可以選擇不接收跟她有關的訊息，盡量避免影響自己的心情。雖然我還是無法控制突然想起她，但我可以選擇想起她之後，自己稍稍踩剎車，或忍一點痛，繼續生活，帶著傷痛繼續往前走。

除了失戀之外，我聽過很多悲慘的故事，悲慘的程度簡直難以形容。但我必須在理解他們之後，帶著他們找回自己可以選擇跟著力的地方，選擇對自己好的路。

此時所產生的一切負面想法，例如「這樣真的可以好嗎？」「這樣真的會百分之百康復嗎？」「別人還是不為所動啊，怎麼辦？」，都是來扯後腿的，而扯後腿的是誰？正是自己。

我曾對自己說，你要我相信你過得很慘，好啊，然後呢？我是很慘啊！這有什麼意義嗎？

接著，我對自己說，親愛的自己，我知道你很累，你想休息，我可以接住你，可以等你，但是我不能跟你一起擺爛。

因為我愛你，我不想害你。

26 如果我是她

雪崩時，沒有一片雪花是無辜的。

——佚名

曾有一段時間，我覺得自己真是衰運纏身。

首先，是我的中古車，有一天在行進當中，突然水溫上升，導致引擎過熱整個燒掉，基本上整顆引擎都要拆起來修了。奇怪的是，水溫上升原因是水箱裡的水莫名其妙減少，但我在事發一週前才剛回廠保養，也請技師檢修了水箱，還更換了一個零件。

好吧，反正這車再開下去也不放心了，於是買了一輛新車。交車當日，因為原先的一些優惠條件沒談好，業務員反悔，發生了一些不愉快，吵了一個多小時，才在雙方都心不甘情不願的狀態下完成交車；新車上路第一天，前輪扎到了釘子，馬上就回廠補胎；第三天，左轉的時候被疾駛而來的摩托車撞到，再度進廠維修。

那時並非農曆七月，但這一連串事件直讓我覺得心裡發毛。

你還是握有命運的絲線

你還記得後設認知吧？如果我對這個狀況沒有深入探討，我真的會覺得背後有一股力量在操縱著我（好吧，我也常聽說在愛情裡跌跌撞撞的人，說自己命不好），幸好後設認知一旦培養起來，就會自動開啟。

我分析了原因，在中古車事件裡，我盡到檢修以及開車時注意車子狀態的責任，至於水箱損壞，可能有其他壞掉的地方，技師沒有檢查到（這位是我相信的技師，既然選擇相信他，事後就不要機機歪歪，不然就換一個技師）。另一個可能是中古車車況本來就不穩定。

在新車事件裡，我因為車子壞掉了，太急著購車，很多條件沒有仔細看清楚、問清楚，事後發現了，不是默默認賠，就是勇敢提出挑戰。而我不甘損失，所以要努力爭取，吵架也是無法避免。至於扎到釘子，就不是我可以控制的了。但是，我的心情的確受到影響，加上對新車的操控還不熟悉，轉彎時看到機車快速行駛過來，才會反應不及。

至此，我不再覺得命運被完全掌控，因為我也該負責任。

在愛情裡，我們都覺得自己是被決定的一方，或者很多事件都是自己的錯、自己造成的，但是，愛情裡的雙方都有責任。

我們是彼此互相影響，彼此互相馴化的。是的，她也被我馴化了，面對這樣不穩定的我，她自然也得改變跟我互動的方式。

我常想，她做選擇的時候，依據的是什麼呢？

一開始當然有很多的執著與過不去，甚至也想了很多難聽話來罵她、責怪她為何如此無情，只是，這樣並不會讓我比較開心。當一個受害者，的確在心理上某個程度是輕鬆的，也不用負責，但壞處就是什麼也不能做、什麼也做不了。

我從一位歷史學家的演講中聽到一段話：我們看歷史事件，不能簡單的只看誰是好人、誰是壞人，必須思考在這個歷史背景下，這些人在各自的位子上，為什麼要做出這樣的行為。你會發現，每個人都有苦衷。

林俊傑在〈可惜沒如果〉這首歌裡唱著：「如果早點了解，那率性的你，或者晚一點，遇上成熟的我。」

只是很可惜，我們相遇的那一刻，彼此的狀態，都讓我們無法度過這個考驗。我相信，她是愛我的，只是當時的情況不允許我們繼續下去。除了包括去美國的一切之外，還包括了當時的我，不只是心理狀態，學業、工作都不足以因應這段感情的要求。

雖然愛情是互相給予，但當時她的確需要我的支持，她的確也沒有心力支持我。然而，我這樣對她，除了分手，她還能怎樣呢？沒有口出惡言已經很好了。還好她比我強壯，分手之後持續追求她的目標。

勇敢再寫一個故事

我一度責怪她，怎麼可以如此若無其事的出國工作，後來，我想了想，分手又不是什麼罪大惡極的事，憑什麼還要把生活賠進去？我過得不好，就希望她也過得不好？

當然，我不是她，無法知道她選擇的真正原因，這一切的思考，都是從我的主觀出發的。

主觀上，我選擇體諒她。事實上，我是選擇體諒我自己。

就算她真對不起我，又怎樣？就算我真的被騙了、被傷害了，又怎樣？我們以為無法原諒的是對方，但其實最無法原諒的是自己，無法原諒自己傻、自己笨、自己脆弱。

我曾在心中問過自己，也問過個案，如果傷害我們的那個人，現在死了，我們從此就開心了嗎？

看吧！受傷之後，我們開不開心，跟那個人一點關係都沒有。

對方不可惡，我們不傻，也不笨、不脆弱。我們相遇了，我們相愛了，我們分開了，在每個環節，我們都有不得已的苦衷。這個故事沒有結局，但世界上不會只有這一個故事，只是我們不敢再寫下一個故事，或者說，我們不相信自己可以再寫一個故事。

那些說再也不相信愛情的人，最不相信的是自己。

你想想，這世界充滿危險，路上車子那麼多，也真的發生了那麼多車禍，我們出門時何曾感到生命受到威脅？大多數人沒有，因為我們相信自己有能力避免大部分的危險。

在愛情裡，我們也必須相信自己可以保護自己，才能敞開心胸去愛對方。的確，我們張開雙手擁抱對方，而對方隨時可以插一把刀在我們心上。我無法避免最愛的人傷害我，但我讓自己變得更強壯，受傷之後，可以康復。

她的離開，真的把我傷得好重。但是，我要學著不怪她，就算客觀上她真的做錯了，我也不怪她，這不代表我傻，是因為我可以試著了解，彼此的苦衷。

臨床上，有一次做親子諮詢時，一個很凶、對孩子很挑剔的媽媽，在治療室裡哭著跟我說：「想到我的兒子討厭我、恨我，我真的好難過，但是……從小我媽就跟我說要堅強、要努力，甚至，我媽從來沒抱過我，跟我說我很棒。我也知道對小孩要溫柔、要鼓勵、要等待，但我真的不知道該怎麼做啊！」

可恨之人，必有可憐之處；可憐之人，也必有可恨之處。

不管是可恨還是可憐，我們都必須試著了解自己，還有這個我們曾深愛的人。

如果真要說負責，認清雙方的狀態，不再只憑自己的想像去愛，才是真的對愛情負責。

做自己的心理師

跟深愛過的人，聊聊天

「空椅法」是完型心理治療裡很重要的治療技術。在生活中，我們可以試著使用這項技術來練習自己的同理心。

同理心（Empathy），有些人將其翻譯成「換位思考」。我覺得這個名詞就很有同理心跟空椅法的精神了。空椅法，就是想像另一個人，坐在你對面的椅子上，他會跟你說什麼？下一步是換你坐在那張椅子上，想像你就是那個人，你會跟自己說什麼呢？

空椅法可以幫助我們試著用對方的視角來看問題，請注意，請試著用對方的狀態，試著體會對方的苦衷。

這不是在幫誰辯護或幫誰解套，我們不是法官，這麼做是要幫助我們了解對方，了解在我們身上所發生的一切。

我曾做過這樣的練習，有以下的對話：

我：「（對著空椅）親愛的，你知道我為了今天的約會，做了多少的犧牲嗎？我一上班就加快速度做完工作，在忙亂的交通中趕著去接你，擔心遲到，然而在約會的過程中，你卻只顧著回臉書的訊息！」

（換我坐到空椅上，想像我自己就是她，以她的立場、她的思考方式，聽到我說出的這段話，會怎麼回答）

她：「我知道你很辛苦，也很心疼你。其實我覺得不需要為約會這麼趕，你慢慢來，我們一起吃個飯，回家聊聊天，這樣就很幸福啦！約會的時候，接到同事的訊息，一時間沒辦法很快回覆完，停下腳步希望你等我，你就生氣了！我夾在中間也很急，所以我也生氣了嘛！」

（我坐回原本的座位，以自己的身分來回覆）

我：「我真的很想多跟你相處，看來我也應該注意相處的品質。我知道我從下班前一路趕趕趕，心情也受到了影響，才會這麼容易對你生氣。」

（換我坐到空椅，以她的角度來回覆……）

請注意，在過程中，盡量用對方的立場來思考。例如在這場爭吵裡，她對我說話的口氣其實是很不好的，但我必須以她的立場，盡可能思考她為什麼會用這種口氣跟我說話。

還有，這個練習是讓你增進同理心的，不是用來互相責怪的喔！如果你發現這個對話又開始吵起來了，請先暫停，並先關注自己的感受，避免落入負向迴圈。

27 是問題，也是答案

失戀的人的傷心大多不是因為戀人的離開，而是因為自己對自己處境的同情和憐憫。

——韓寒

曾經有一段時間，我在監獄的戒治所做毒品成癮受刑人的輔導。你知道嗎？毒品的生理成癮，是可以戒除的，成功之後，身體不會出現成癮的生理反應。但這些人重複使用毒品的原因是：**壓力**。很多人都是在遇到挫折，例如失業、與家人爭吵之後，又回去吸毒。

所有的癮，背後都有複雜的心理成因，例如電玩成癮的背後，可能是以此來獲得成就感，或者達到社交目的。

愛情的癮也是如此。

這也是為什麼愛情這麼難戒，因為如果戒了，**就必須正視原本的問題了**。任何的愛都是純粹的，愛情、親情、友情都是，會造成問題的，是人。例如，我愛我的小孩，但我不能接受他成績不好；我愛我的女友，但我不能接受她很愛逛網拍。

這時談愛，根本就是刻意忽視原本的問題，把問題的解法統統推給「愛」。愛不是生活的全部，相反的，生活才是愛的全部。把生活過好，我們才能好好享受愛的純粹。

這不是一本談哲學、談宗教的書，雖然我知道心靈要成長，但現在這個社會，大多數人在談心靈成長的時候，才不是一種超脫的表現，只是把眼睛閉上不看問題、透過所謂的心靈成長來麻痺自己而已。很多旅遊、美食不也是這樣嗎？我曾在某一次旅遊回程的飛機上，聽到隔壁乘客大叫「有沒有什麼方法可以讓我不用工作？」你看，你根本不是來充電的。

所以，在面對愛情的痛苦時，需要把焦點放在自己身上、放在生活上。而不是嘴巴說著我愛你，但總是做出傷害愛情的事。

愛有什麼用，她說。

對不起，是我以愛之名，掩飾自己的懦弱。

既然要把焦點放在生活，我們就必須探討自己的價值觀，以及在達到這個價值觀時，所應採取的行動。

我重視的，是有意義的嗎？

我拚命要逃離失戀的狀態，拚命想要康復，卻重複做無法讓我康復的事，我到底想要什麼？後來我才發現，我只是隨著自己的情緒起舞，感受到悲傷的情緒，就想趕快擺脫它，卻怎麼甩都甩不掉。

說到底，在那個時候，我的人生是沒有目標的。

或許你會覺得很奇怪，明明是在談失戀，扯什麼人生？但你知道嗎？人如果在愛情毀滅之後，就覺得人生毀滅了，基本上，他是沒有人生可言的。

愛情需要健康的生活、健康的心靈做為養分，畢竟我們生活在世俗，不是在修行，我們需要有生活目標、有工作成就、有良好的人際互動。這個目標、成就、人際，沒有絕對的標準，而是需要我們打從心底認同的。我必須喜歡自己的生活，才能將這樣的滿足帶到愛情裡，與愛情互相滋養。

當時，我自己也很迷惘。我雖然念了很多書，也在實習，但我實在不太確定自己的方向，不太知道心理師這個工作的意義是什麼，究竟可以怎麼樣幫助人，與父母的價值觀也有差異。

我也無法接受愛情帶來的考驗。而愛情帶來的痛苦，剛好給我一個機會，把這些人生議題全部打包起來，一起丟掉。

是啊，我承認當時的我做不到。

你還記得嗎？一切都是最剛好的安排。

在我說這句話時，我是真的承認我做不到，並且承諾願意在既有的基礎下繼續努力，並不是一種耍賴式的「我就是做不到，不然你要怎樣」。在你說這句話的時候，也請你老實問自己。我不知道你的答案是什麼，你也不用跟我分享，你只要對自己負責就好了。

如果連自己都騙，不是很可悲嗎？

請你想像一下，在你心中，理想的一天，是怎麼過的？你會做什麼樣的事、有什麼樣的心情？

請盡可能把焦點放在感受上，而非實際的金錢或社會地位上，的確，有錢有地位會讓你很快樂，但快樂背後，也是有原因的。錢只是一張紙，重點是錢可以讓你做什麼、達到什麼目標。

後來我發現，在我的工作中，跟人的生命經驗互動，是有意義的。對我來說，我遇到的每一個人，就不只是單純來治病，而我不只要幫助他們，而是把自己的心打開，認真傾聽他們。這才是我身為心理師的意義。

為了達到這個意義，我開始喜歡讀書，讀書對我來說，是可以幫助我了解他們的工具，也就是從那時開始，我決定要親自實踐我知道的心理學知識，幫助自己過得更好。

所以，對於所有問題而言，沒有好壞、沒有真假，只有「我過得好不好」，以及「我要怎樣才能過得更好」。

如果你還是掉回那個迴圈：「只有擁有愛情，我才可以過得好」、「只有她回來，我才可以過得好」，很遺憾，你其實一直都沒有過好。

並不是愛情造成了人生的問題，而是人生本來就存在一些問題。然而我們總是採取一些不怎麼樣的方法，得過且過，才會造成問題的延續。我們必須有自覺：採取什麼樣的行動，才能幫助自己真正達成目標？

到底怎麼樣才叫真正達成目標，以及應該怎麼做，其實你我都知道。

對我們來說，真正難的是，**我們總是不想承認現狀，死命的糾纏在那些永遠達不到的目標裡**。

在處理心理問題的時候，除了要溫柔的接住自己，也要有理性的規畫，才能幫助自己脫離困境。完全的溫柔跟完全的理性，都是逃避。

回到我身上，如果我覺得自己不夠好，我大可做些什麼，讓自己變好一點。後來我發現，開始做就好了，只問自己的感受，做著自己覺得有意義的事，變好，只是附加價值。

我是因為喜歡自己的生活，才會變好，並不是生活變好之後，才喜歡自己。同樣的，處在問題中的我們，也可以喜歡自己。幫自己設定目標，是因為達到了目標會讓人開心，不是達不到之後反而怪罪起自己了。

做自己的心理師

告別式自傳

想像你的生命走向盡頭了，你會如何描述自己的一生？

也請你想像一下，你的朋友，或者你的戀人，在你的告別式裡，會怎麼哀悼你？

我想，我不會希望對方說：「李介文喔，他成績很好……投影片做得很漂亮。」

我希望聽到我給人留下的印象是什麼，而這些真是我想要留下來的嗎？

我想，我不會希望聽到：「介文總是很貼心、很照顧每個人的需求」，但我心中的對白卻是：「拜託，我是怕被你們討厭才這樣做的好不好。你知道那一次學妹的婚禮，我在結束之後，花十幾趟逐批幫你們送賓客回家，有多累嗎！」

我希望，對方看到的是真實的我。

如果你希望別人這樣說你，你也不覺得勉強，照這樣活著，就對了。我練習著，在別人對我提出要求時，先考量自身的能力以及意願。如果我願意幫助人，也可以幫忙，我就答應。也因為動機高，畢竟是自己想做的事，做起來就會特別開心。

接下來就是比較難的步驟了，練習凡事先把自己顧好，但不流於自私。在不妨礙到他人以及不推卸責任的前提下，先關照好自己的需求與意願。如果你開始照著練習，並開始有意義的生活，其實你是有很多事可以做的，不管是獨處還是思考，都很有意義。你會發現，對於婉拒他人的需求，說出口時會更有信心。

一開始，我也會陷入「會不會大家覺得我自私」、「會不會沒有朋友」的焦慮想法裡。但後來一想，我真的不需要衝好友數，看起來朋友很多，只是在維持我的自信而已。我需要的是我真心願意花時間在他身上，願意為他付出，而且他也願意接受並給予回饋的朋友。

有這樣的朋友，才會讓人真的有自信。

28 摘掉面具之後的新鮮空氣

如果愛一個人，那就愛整個的他，實事求是的照他本來的面目去愛他，而不是脫離實際希望他這樣那樣的。

——托爾斯泰

多麼希望，有一個人可以接受我原本的樣子，在我開心的時候為我開心，在我難過的時候為我拭淚，不管我發生什麼事，都一樣愛著我。

如果真有這樣一個人，她需要為我做什麼嗎？不用，她只需要讓我知道，她願意愛著原本的我就好了。

在康復的過程中，我曾感受到幾個很大的力量。

我失戀的事情，幾乎所有朋友都知道了。有一天，在外實習的學弟妹打電話給我，約我在學校附近的速食店見面。他們從各地的醫院回到林口，就在速食店，聽我一把鼻涕、一把眼淚的把分手經過從頭到尾說一遍。他們一句話都沒說，最後，分別站起來，男生抱抱我、女生拍拍我，跟我說再見。

我的指導教授，從實習醫院的老師那裡得知這個消息，找我去談談。我向他道歉，我因為感情困擾而搞砸了一些事，他告訴我：「你是我的學生，你做了什麼，我都不會覺得奇怪，你就是你。」

從模糊中整理自己

很有趣的是，這一個我無法接受的自己，卻要別人來接受。

我希望別人來愛我，所以我必須真的愛我自己，我才能真正跟別人分享這個我所喜歡的自己，不需要任何假裝。不然，這樣的愛情就是欺騙，別人所愛的也是我裝出來的樣子，就算得到愛了，我也會無時無刻膽戰心驚，深怕哪一天會被拆穿，愛情會消逝。

若可以如實的愛自己，這可以促成很多改變。如果你閱讀了前面的內容，你會保有彈性，知道不可能做到百分之百，或改變每件事，重點在於「真實」，不管做到多少，我都是愛自己的，也因為這個愛，會讓我想要去嘗試。

至於什麼是愛、什麼是逼迫，我想自己應該可以分得很清楚。用這個觀點來看，過去的我，所談到的愛自己或自信，很多都是假的。而我們希望別人給自己的愛，也是假的。

但是，到底什麼才是真實的自己呢？如果我們是一路偽裝而來，還真的有點困擾。我的建議是，從當下的模糊當中來整理自己，發現自己。

如果說價值觀是一種「我要去哪裡」的方向，那麼真實的自己就是「我現在在哪裡？我正在做什麼？我正感受到什麼」的描述。從模糊中整理時，請試著不給自己評價，單純描述現象與原因就好。

例如，我發現我正感到悲傷，請不要馬上就冒出「這有什麼好悲傷」的想法，這個想法很容易讓我們隱藏自己。

這一路走來，我曾覺得自己很傻、很賤、自作自受，但是接下來，我必須去感受當時真正的感受，以及當時做這些蠢事的原因，這都是很真實的我。

對，我真的搞砸了一些事，的確也很蠢，那就是當時真實的我。

從愛情故事中重新發現自己

還記得之前說的愛情故事，談到的生命腳本嗎？試著在這個階段重新說一次自己的故事，看看是否有新的體悟。

還記得我們說的，接受真實的自己嗎？如果你重說了一遍，並沒有新的想法，也請你接受此刻真實的狀態。如果有，請試著往幾個方向想：

- 我是否能夠更了解自己當初做選擇的動機？
- 我是否可以接受自己當初所做的一些蠢事？
- 我是否能體諒自己內在的生命腳本？

生命腳本裡可能包含導致我們過得不好的內容，但我們不可能將它全部擦掉、馬上重寫，因為我們根本不可能馬上有一個新的方向。就算有，也不見得適合，大家都是一邊改、一邊試驗。

人生就是一連串的化學實驗，在彼此靈魂碰撞當中，得到不同的結果。沒有什麼結果是失敗的，只是不像我們所想的一樣而已。只有溫柔的接受自己，才能慢慢拆解自己的人生方程式。

29 撐過今晚，迎接每天的陽光

被摧毀的愛，一旦重新修建好，就比原來更宏偉、更美、更頑強。

——莎士比亞

直到今天，我還是會想起她，有時候，心還會酸酸的。什麼？我不是已經走出來了？不是已經接受自己、喜歡自己了嗎？拜託，我可不是聖人，可以完全陽光、溫暖、理智。但有一點我自覺做得還不錯，就是我多了一點彈性，偶爾陷入回憶的坑洞時，不那麼大驚小怪。

在刻意失戀這段時間裡，我的確跌入了大大小小各種不同的坑洞，甚至有些根本可以用黑洞來形容，讓我感覺能量完全被吸走。心理病理學中，有一種症狀叫做「回憶重現」（flashback），意思是那些恐怖回憶突然、無預警的出現在腦中，帶給人巨大的情緒反應。在刻意失戀當中，不知經歷過幾回了。

有句話說，所有的堅強，都是柔軟磨出的繭。我知道，失戀中的我們，磨著磨著，有時候還會流血，而回憶才不會管你傷口結痂了沒，說回來就回來。

就這樣，慢慢成長。

怎麼讓自己快樂？

大陸作家韓寒說：「人世間的事情莫過於此，用一個瞬間來喜歡一樣東西，然後用多年的時間來慢慢拷問自己為什麼會喜歡這樣東西。」喜不喜歡，重點其實不在於對方，而在自己本身。

失戀許久之後，我才漸漸明白這個道理，並不是她造成我的痛苦。好吧，就算是她造成的，也只占一部分，我本來就過得不太快樂。她的離開，只是當中一個不快樂的事件而已。

我為什麼喜歡她？因為我以為，有了她，我會更喜歡自己。沒想到，因為她的好，更凸顯我原本認為自己的不足。是的，或許我沒有不足，本來就都是我認為的不足。

在我練習跟自己對話的過程當中，我發現絕大部分的問題，都圍繞著「我」，即使有「她」，也是問一些「為什麼她不要做＿＿＿，來讓我不那麼痛苦？」你看，不能為自己的快樂負責任的人，在愛情裡同樣是負不了責任的。

愛情是雙方合作的過程，很像工作上或學業上的兩人小組，除了雙方要一起做的事情之外，也要獨力完成一些部分，缺一不可。如果你的隊友經常需要你救援，你指望在共同工作時，他的表現能多有好？

所以，如何度過失戀，根本就是個假議題。我們應該回頭來問自己，我知不知道怎麼讓自己快樂？我知道，在失戀之後，所有的快樂都會打折扣，但是就算打了很多折，至少不會完全沒有。我們的任務就是盡可能的在打折之後，努力搜刮這些僅存的快樂，把自己撐起來。

當我聽到那些「我要怎麼快樂？」的問題，我可以想像，平時他們的生活也是匱乏的。

請你相信，當我說出匱乏兩字，沒有評判、沒有嘲諷，只是陳述一個現象，就如同我在說自己做了蠢事、沒有自信、很自卑一樣。我不免會自動拿自己跟別人比較，而產生一些情緒。只要先把焦點拉回解決問題的模式，自己動起來，情緒就會慢慢緩解。

回到正常生活

如果要我說，這本書到底要對失戀中的男女，給出什麼中肯的建議，我會說「回到正常的生活」，如此簡單。所有在扯後腿的，都是自己，那個叫我們難過的、叫我們不要上班的、叫我們喝得爛醉的，都是自己。

最近，我又覺得自己變胖了，於是報名了健身教練課。教練一如往常的嚴格訓練，他不凶，不會罵我，但是該做的訓練、該有的強度，一樣沒少。我在舉重時，如果有無法完成的動作或重量，他會幫我一下，但是不會全程幫我。

慚愧的是，反倒是我心中一直抗拒練習。我發現，我會慣性遲到，總是以交通不便、停車位難找為由。最扯的一次遲到了二十分鐘（一節課才一小時），當教練說他下一堂是空堂，可以讓我上滿一小時，我又找理由準時離開。

不用找什麼厲害的減肥食譜、不用上什麼高級的健身房、不用找什麼名師來訓練。只要真的想要健康，而且願意規律運動，並且透過規律運動達到健康，才有辦法。

對，是「想要健康」，不是「變瘦」，變瘦只是健康生活的好處之一。

所以，與其說要走出失戀，倒不如說，要當一個對生活有感、能夠有意義活下去的人。

所以你就知道，為什麼有人可以度過失戀，有人卻一輩子走不出來。

我們常覺得人生好難、愛情好難，是因為我們不相信，認真過好每一天，真實面對自己的感受，就可以得到幸福。

回到日常生活，吃飯、睡覺、工作、休閒、家人、朋友、獨處，這樣就是永遠活著。

過生活

是啊，就過生活，難不成還要我教你怎麼呼吸？

請注意，回歸日常生活即可。如果你發現情緒波動很大，可以暫緩，就像生病請假一樣。如果你覺得生病了，不是請假在家休息就會好轉，請你尋求專業協助，例如精神科醫師、臨床心理師、諮商心理師。

如果你情緒波動很大，這本書無法取代專業人士的協助。平常小感冒，你可以看看書，照書上說的多喝水多吃維他命C、多睡覺；但如果好多天都沒好轉，甚至惡化，請你把書放下，去找醫師吧。

另外，就照原本的生活步調進行即可，不用刻意做些什麼。旅行啊購物啊狂歡什麼的，適度就好，平常怎麼做，就怎麼做。刻意放縱自己不會比較快樂，帳單來了會更想死。

早點睡，明天還要上班上課呢！

30 這不是蛻變，我本來就很好

生命是為了更好的成為自己，而不是成為更好的自己，因為，你自己本身，就是最好的。

——武志紅

回顧過去，不只是愛情，總覺得當時的自己很蠢。

這並不是說我進步了，或者成熟了。雖然隨著年紀增長，我們的確在成長當中。但有些能力，還是必須依靠刻意練習，才可以漸漸累積。

很多人都會說，想要進入愛情的原因，是因為喜歡那個在愛情裡可以不斷進步、不斷為了對方而變得更好的自己。這個說法有點弔詭。因為如果此刻的我們是不好的，那對方為什麼要愛上這個不好的我？以及，非得要等到變好了才喜歡自己，那不是有大多數時刻，我們都處在對自我不滿意的狀態嗎？

畢竟「變好」這件事是一個動態，就像手機，你想買到目前最新款，但是當你買到的那一刻，這支手機就過時了。

這其實是倒果為因的現象。在愛情中，因為我愛她，希望跟她一起變好，不管進度如何，我還是愛著她。也因為這個愛，讓我們能更順利的一起變好。如果是要變好了才能愛，跟被逼著讀書一樣，我們還是會努力、還是會渴望好成績，卻不知道自己為什麼要讀書，甚至一有機會，就想偷懶不讀書。

你就知道為什麼原本該是非常美好的愛，卻把我們搞成這個樣子了吧！**不是愛本身不好，是我們自己沒有調整好狀態，就進入了愛**。

從容的去愛

整本書裡，我一直在講康復、講走出來，但是，我真的走出了嗎？我知道有、也沒有。「走出來」是沒有極限的，沒有實際定義的，就算想起這件事心情可以完全平靜，也只能說是康復的指標之一。但是我知道，它仍在我不知道的地方，悄悄影響著我。

畢竟她曾經是我深愛的人。

但是，也因為她的好，使我發現自己不好的地方。應該是說，發現我原本沒有自信，也自卑的弱點。這並不是她造成的，只是她的出現，誘發了我的自卑與焦慮而已。

所以，每一天，都是康復的過程，不會休止，我們繼續往前走。當我們累積更多的自我認識，或許可以發現更多的自己。

以前，人以為天空是地球的極限，但現在，極限被不斷的打破。我們能做的，就是積極的往天空探尋。

回想人類進步的歷史，有些東西的進步真的是一日千里，例如3C產品，現在的手機，跟十年前有很大的不同。有些東西的進步就相對有限，例如食物，十年前，甚至一百年前，我們吃米飯，現在還是吃米飯。我們都知道未來會更進步，但我們拿著智障型手機時，可曾覺得不幸福？

如果你會因為拿著智障型手機，但看到別人拿著智慧型手機，而覺得自己不幸福的話，我想，你應該認真思考「變好」的涵義。

我在韓劇「沒關係，是愛情啊」裡，看到一段對白：

洙光：不是說在愛情中，愛得更多的那個人就是弱者嗎？這次我不想做弱者，你知道成為強者的辦法嗎？

宰烈：不是愛得更多就會成為弱者，而是心裡失去了從容才會成為弱者，一直為能否得到與自己的付出等價的東西而焦慮不安。因為我愛了，所以我幸福。這才是真正的從容。

我們從來都不是弱者，因為我愛你，你也愛我，這個愛情才會成立。我們都不是最好的，請你接受這一點。但這是我們所擁有的全部，是我們的根。沒有了這個根，怎麼往上爬，都很空虛，都很容易摔下來。

發自內心珍愛自己的生活

我的第一輛車，是中古車，後來經濟狀況稍寬裕，買了一輛國產新車。但最近，我又想買進口車。

這個想法源自於我看到別人開著進口車時，覺得自己不如人。不管是新車還是中古車，他們都是我當下努力付出換來的成果。我不想把自己講得太超脫，因為在現實社會中，這些車的確有優劣之別，而社會也確實會用車子的好壞來評價人。

如同用成績、職業、收入、身材、長相，來評價人一樣。

我們身處在這個系統中，可以入境隨俗，但最後一道防線是，要珍惜自己所擁有的。

這張臉、這個身材、這個成績，是我所有的，不用別人來說嘴。

如果我想要變好，就扎扎實實的變好，跟別人一起罵自己，算什麼負責任的態度？

我常在想，這些焦慮與自卑的缺點，怎麼會一直在我身上呢？有一段時間我非常討厭這些特質。後來我發現，這些特質是拿來自我保護的，因為這些特質，讓我可以暫時避免面對自己的缺點。

這麼說來，我不該討厭它們，某種程度上還得感謝它們。如果我決定要進步，不再逃避了，那它們就完成階段性任務，功成身退了。

所以，我也必須珍惜在愛情中我所擁有的一切，包括那些快樂與傷害。快樂滋養了我，而傷害也讓我認清了一些事實，帶給我改變。

任何的進步都是從現狀開始的，失戀中的你，把僅存的現狀收集起來吧！那就是你，最真實的你，站穩腳步，才能開始進步。

後記

我以為讓我痛苦的是愛情，其實讓我痛苦的正是自己

終於寫完這本書了。

你知道嗎？完成這本書所需的時間，比我原先預期的，多了快半年。我總以為是時間規畫出了問題、工作太忙、沒靈感……。

後來才發現，對於我以為已經走出、甚至還可以把它寫在書上跟大家分享的愛情故事，竟然還有一點抗拒去回想、去面對。我很幸運，有很多寫作與演講的機會，所以跟她相處的某些片段，被我重複講過很多次。但是要像一部電影那樣從頭再看一次，對我來說，是很大的考驗，也讓我有一些情緒波動。

你相信嗎？這些情緒不只來自於要把愛情故事跟大家分享。只要想到過去我們相處的每一刻，那些羞愧、對不起，甚至憤怒的感覺，還是會出現。我還升起想再跟她連絡，告訴她，我已經痊癒了，而且把我們的故事寫成一本書的想法。

原來我自己也還沒痊癒呀！看到這裡，你會不會後悔買了這本書？因為作者根本都沒完全好，又怎麼能教你完全變好呢？

是啊，從頭到尾，我根本就不是在探討「完全好」這件事，而是探討「如何活得更像一個人」。我們無法體會人的本質，所以才不能體會愛情的本質，在最生物性的互相吸引、心動、交往之後，都會死在彼此生活的適應，還有彼此不安的靈魂碰撞上。

無法好好活著的人，是無法好好愛的。

愛情不是任何東西的解藥，愛情就是愛情。要與另一個人的靈魂接觸，自己也要付出靈魂，這時候才發現，噢，原來自己的靈魂還有很多問題，於是我們在愛裡找自信，甚至在愛裡面修復創傷。

我不否認愛有療癒功能，但別把自己康復的責任給拋開，對方可不是活該要療癒你，難免對方會在一直要負責療癒的情況下而覺得累，最後損傷了愛。

正在看這本書的我們，都是一般人，過著一般人的生活。

我很感激，這樣真的很棒。

不管我們處在什麼樣的狀態之下，請記得，我們就是在過生活，不是在演電影，不會有阿拉丁神燈的精靈，或麻雀變鳳凰的情節，也不會有霸道總裁來愛著這個渾身充滿缺點，但又很可愛的你。

好好過生活，好好接受自己，好好愛自己，這是我們一生的功課。

我知道你失戀了，我也是，我們繼續往前走。

祝福你。

國家圖書館出版品預行編目（CIP）資料

刻意失戀：好好失戀，才能好好愛／李介文著. -- 第一版. -- 臺北市：遠見天下文化, 2020.02
面； 公分. -- (心理勵志 ; BBP446)
ISBN 978-986-479-695-3 (平裝)

1. 戀愛 2. 兩性關係

544.37 108007949

心理勵志 BBP446

刻意失戀

好好失戀，才能好好愛

作者 — 李介文

總編輯 — 吳佩穎
副總監 — 楊郁慧
副主編暨責任編輯 — 陳怡琳
校對 — 魏秋綢
美術設計 — 陳文德
內頁排版 — 張靜怡

出版者 — 遠見天下文化出版股份有限公司
創辦人 — 高希均、王力行
遠見・天下文化 事業群董事長 — 高希均
事業群發行人／CEO — 王力行
天下文化社長／總經理 — 林天來
國際事務開發部兼版權中心總監 — 潘欣
法律顧問 — 理律法律事務所陳長文律師
著作權顧問 — 魏啟翔律師
地址 — 台北市 104 松江路 93 巷 1 號 2 樓

讀者服務專線 — (02) 2662-0012 ｜傳真 — (02) 2662-0007；(02) 2662-0009
電子郵件信箱 — cwpc@cwgv.com.tw
直接郵撥帳號 — 1326703-6 號　遠見天下文化出版股份有限公司

製版廠 — 東豪印刷事業有限公司
印刷廠 — 祥峰印刷事業有限公司
裝訂廠 — 聿成裝訂股份有限公司
登記證 — 局版台業字第 2517 號
總經銷 — 大和書報圖書股份有限公司 電話／ (02) 8990-2588
出版日期 — 2020 年 2 月 27 日第一版第 1 次印行
2023 年 4 月 14 日第一版第 3 次印行

定價 — NT 350 元
ISBN — 978-986-479-695-3
書號 — BBP446
天下文化官網 — bookzone.cwgv.com.tw